Prendre un verre avec Bouddha

L'ouvrage original a été publié par Shambhala Publications, Inc. sous le titre *The Buddha Walks into a Bar*

Lodro Rinzler

Prendre un verre avec Bouddha

Traduit de l'anglais (États-Unis) par Paule Noyart

MARABOUT

Introduction

Ce livre n'a rien à voir avec le guide de méditation de votre grand-mère. Il est pour vous. C'est-à-dire pour quelqu'un qui aime faire l'amour et prendre une bière, quelqu'un qui a fini par découvrir que ses parents étaient un peu dingues, et qui en a parfois marre du boulot. Ce livre ne place pas le bouddhisme sur un piédestal si haut que l'on doive lever la tête pour le contempler. Son objectif est d'examiner tous les coins et recoins de votre existence et de leur appliquer les enseignements du bouddhisme – quel que soit le désordre dans lequel vous vivez.

Faut-il se convertir au bouddhisme pour apprécier cet ouvrage ? Non, cent fois non ! La sagesse qui se trouve peut-être dans ces pages est le résultat de l'excellente instruction que m'ont dispensée mes professeurs, et de mes propres tâtonnements. Le dharma, ou l'enseignement du Bouddha, n'est pas de ceux que l'on doive aborder comme un grimoire obscur dont la pensée doit être disséquée et analysée. Il est destiné à être vécu. Nul besoin d'être bouddhiste pour pénétrer dans cet univers. Il suffit d'être décidé à regarder son existence selon un tout nouveau point de vue.

La question suivante est celle-ci : devez-vous changer de vie pour expérimenter les vérités contenues dans ce livre ? Non, mille fois non, il est pour tous ceux qui se sont dit un jour : « La spiritualité est importante pour moi », et : « Si je suis religieux, je suis bouddhiste. » Il vous propose d'aborder ces enseignements traditionnels qui ont été expérimentés et testés pendant des milliers d'années. Avant de vous lancer dans cette lecture, dites-vous ceci : « Aujourd'hui, je vais me montrer plus compatissant envers mes semblables », ou : « Je vais ralentir un peu mon rythme de vie et jouir davantage de ce qui s'offre à moi. » Vous n'avez pas à vous *transformer*. Vous êtes très bien comme vous êtes. Ce livre veut simplement vous apprendre à vivre pleinement.

Nous explorerons les quatre dignités de shambhala et les trois yânas, ou véhicules du bouddhisme traditionnel tibétain. Je vous offrirai ce que je sais, mais tout le reste dépendra de vous. Votre rôle est de vous ouvrir à la vie et de la vivre en pleine conscience, dans l'altruisme et la compassion. C'est en vous qu'est la véritable sagesse. Ce que vous offre cet ouvrage, c'est une série d'outils pour y accéder. Nous aborderons de simples pratiques et conseils, et un enseignement qui vous aidera à utiliser votre propre boussole morale et la dignité de votre cœur.

Si vous voulez vraiment vous insérer dans le présent, lisez ce livre. Si vous voulez changer le monde, lisez ce livre. Si vous voulez être un médiateur tout en ne refusant pas une bonne bière à l'occasion, lisez ce livre. C'est pour vous que je l'ai écrit. Et quand vous aurez terminé, envoyez-moi un mot. Je serai heureux de savoir ce que vous en pensez.

LODRO RINZLER

Première partie
Ressaisissez-vous

1
Votre vie est un terrain de jeu

Si vous n'apprivoisez pas cette ennemie
qu'est votre colère,
Vos adversaires se multiplieront.
Mais avec un flot de bonté aimante et de compassion,
Vous apprivoiserez votre esprit
dans la pratique du bodhisattva.
NGULCHU THOGME

Quand j'étais petit, j'avais un réveille-matin en forme de samouraï. Il tenait une épée et avait une horloge sur le ventre. Il a fonctionné pendant dix ans. Chaque matin, je m'éveillais au chant de son appel guerrier (en japonais) : « Debout ! Debout ! C'est l'heure du combat ! »

Pour un grand nombre d'entre nous, la vie ressemble à une bataille. Notre premier réflexe du matin est un geste d'autoprotection qui nous pousse à nous blottir sous les couvertures afin de repousser le moment d'affronter la journée. Pourquoi ? Parce que nous considérons notre train-train quotidien comme un simple moyen de résoudre nos problèmes : nous payons nos factures, espérons une idylle amoureuse, préservons nos amitiés, veillons sur notre vie familiale… Conclusion : à la fin du jour, nous sommes épuisés par le combat livré pour garder nos forces intactes.

Nous consacrons une énergie incroyable à écouter des messages, à envoyer des messages, à effacer des messages et à attendre des messages. Au lieu de nous engager dans ces aspects de notre vie avec un esprit ouvert, nous crapahutons d'une activité à l'autre en nous accrochant à nos échappatoires : nous ronger les ongles, boire un peu trop de bière, faire l'amour, acheter en ligne, nous épuiser à la salle de sport. Certains d'entre nous arrivent même à accomplir toutes ces tâches en même temps ! Mais même lorsque nous mettons les bouchées doubles, nous savons très bien qu'à la fin de la journée il nous restera toujours quelque chose à faire, et que nous n'aurons que très peu de temps pour nous occuper de nous-mêmes.

C'est là que la méditation est véritablement utile. Cette pratique permet, d'abord et avant tout, d'être présent au monde et de l'apprécier. Elle nous aide à le voir, non comme un champ de bataille, mais comme une étendue fertile dans laquelle nous pouvons nous éveiller et nous ouvrir à tout ce qui nous entoure. Les enseignements bouddhistes nous apprennent que la seule chose qui nous empêche d'être authentiquement présents est notre manie de nous raccrocher à tout et à n'importe quoi.

Nous avons, pour la plupart, mis au point une routine qui nous permet de traverser aisément notre quotidien, et nous l'avons consolidée de telle sorte qu'elle est devenue un mode de vie. Mais posez-vous cette question : « Est-ce que cela me convient vraiment ? » Jour après jour, ne vous engluez-vous pas de plus en plus dans le même emploi, la même relation, les mêmes refuges et les mêmes échappatoires ? N'aspirez-vous pas à un changement radical ?

Ce n'est pas notre univers qui est problématique, c'est notre point de vue. On dit que l'illumination, c'est le fait de prendre conscience de toutes ces choses qui existaient avant que nous ne les colorions avec nos espoirs et nos peurs. Si nous pouvions les accepter et les apprécier telles qu'elles sont, notre univers se transformerait comme par magie en un vaste champ de possibilités.

Pendant les années au cours desquelles j'ai enseigné le bouddhisme, j'ai souvent été sidéré par l'incroyable diversité des individus qui franchissaient le seuil des centres de méditation. En dépit de leur origine, de leur âge et de leur niveau socioéconomique, le facteur unificateur qui les définissait était qu'aucun d'entre eux n'était totalement satisfait de son existence. Ces gens avaient souvent tenté d'améliorer leur sort, que ce soit à l'aide d'un nouveau travail, d'une nouvelle voiture, d'un nouveau tranquillisant ou d'un nouvel amour, mais aucun de ces changements ne leur avait apporté l'existence idéale dont ils rêvaient.

Le terme bouddhiste qui nomme le cycle de la souffrance est *samsara*. Le samsara qualifie aussi bien la petite douleur provoquée par un ongle incarné que celle ressentie à la perte d'un être cher. C'est ce que nous éprouvons quand nous aspirons à toutes ces choses que nous ne possédons pas. C'est ce que nous ressentons quand, une fois ces désirs satisfaits, nous en détectons d'autres.

Le samsara se nourrit d'espoir et de peur. Nous espérons faire des étincelles au boulot, mais nous avons peur de contrarier notre patron. Nous espérons aller à la plage, mais nous avons peur qu'il pleuve. Cet espoir et cette peur peuvent gâcher une foule de bons moments, car nous nous cassons la tête à redouter tout ce qui pourrait arriver. Et lorsque nous découvrons que ces facteurs extérieurs ne nous apportent pas de bonheur durable, nous aspirons au changement, mais nous ne savons pas par où commencer.

Cette insatisfaction générale est ce dont a parlé le Bouddha dans son tout premier sermon. Il n'a pas dit : « Voici la marche à suivre, les gars. Faites ceci ou cela et tout ira bien et vous serez aussi éclairés que moi. » Non, il a dit : « Vous êtes malheureux, pas vrai ? Analysons ça. » Il leur a fait remarquer qu'ils souffraient parce qu'ils ne connaissaient pas grand-chose sur eux-mêmes, puis il leur a fait part d'une excellente nouvelle : leur syndrome d'agitation chronique pouvait disparaître. Il leur a alors indiqué une voie leur permettant de mieux se connaître et de trouver leur propre chemin vers l'éveil du cœur et de l'esprit. Cette voie était celle de la méditation et de la bonne conduite.

La méditation est un simple outil d'autoréflexion, mais elle a un pouvoir fantastique. Elle n'est pas la panacée qui va transformer votre vie, mais elle peut changer votre cœur et votre esprit ; elle peut vous aider à vous ouvrir au monde et à franchir les obstacles de la vie quotidienne. Plus votre esprit et votre cœur s'ouvriront, plus vous serez capable de vous mouvoir dans votre univers quotidien sans avoir la désagréable impression de vous trouver en plein champ de bataille.

Il existe trois étapes à franchir lorsqu'on pratique la méditation. La première pourrait être décrite comme la phase « d'où viennent toutes ces pensées ? » Nous sommes tellement accoutumés à notre style de vie agité que le simple fait de nous installer pour méditer et respirer attentivement déclenche un torrent de pensées qui se succèdent à un rythme effréné. Comme nous n'avons jamais pris le temps de regarder en nous-même, nous sommes submergés par ce déferlement de passion, de colère, de confusion, de solitude, et par toutes les variations qu'elles comportent.

La technique de base de la méditation consiste à adopter une posture droite, à se « connecter » à son corps et à se concentrer sur la respiration. La respiration fait office d'ancre qui nous amarre à l'expérience et au moment présent. Cela paraît simple à première vue, mais après quelques minutes, nous constatons que notre esprit dérive – nous pensons à une conversation que nous avons eue plus tôt dans la journée, ou nous faisons la liste de corvées qui nous restent à faire, etc. Lorsque ces pensées se présentent, il est préférable de les accueillir, non comme de bons ou de mauvais éléments, mais comme de simples réflexions, puis de reporter son attention sur la sensation physique que procure la respiration. Si cela peut aider, on peut même prononcer mentalement le mot « PENSÉES », ce qui nous permet de comprendre que nous ne faisons rien de répréhensible en pensant, et que nous avons la capacité de revenir chaque fois à notre respiration.

Des pensées en tout genre peuvent survenir pendant une demi-heure de méditation. Durant la phase « d'où viennent toutes ces pensées ? », certaines personnes ressentent de la frustration parce qu'elles se disent que tout cela ne les mène nulle part et que la méditation n'est pas pour elles. La méditation a marché pour de simples quidams devenus par la suite maîtres de méditation, et cela depuis la nuit des temps, mais pour moi, non, ça ne marche pas. C'est ce que vous vous dites, non ?

Un des plus beaux aspects du bouddhisme, c'est que l'on ne vénère pas Bouddha comme un dieu ou une déité, mais qu'on le célèbre en tant qu'exemple – celui qu'offre une personne ordinaire qui applique une bonne mesure de discipline et de bienveillance dans sa pratique méditative et ouvre ainsi largement son esprit et son cœur.

Lorsque le Bouddha était dans la vingtaine, il n'avait rien d'un maître éclairé. Il s'appelait Siddharta Gautama et vivait avec son père. Il s'était marié très jeune et, en moins de temps qu'il ne faut pour le dire, son fils était né. C'est alors qu'il a découvert à quel point son enfance avait été préservée. Cette révélation s'est produite lorsqu'il a rencontré, à l'extérieur de son palais, la souffrance sous forme de maladie, de vieillesse et de mort. Tout comme vous l'avez sans doute ressenti à cet âge, il a détesté ce qu'il voyait. Mais lui, Siddharta, voulait trouver un moyen de changer le monde.

Siddharta, que ses amis et ses proches appelaient sans doute Sid, a décidé, sous le coup d'une inspiration sacrée, de s'engager dans une vie spirituelle loin des siens. Il s'est alors livré à un comportement extrême : jeûner et vivre, au nom de la sainteté, dans des conditions très dures, comme s'il voulait se démarquer radicalement de son enfance douillette. Ce qui l'a finalement amené à découvrir qu'il existait un juste milieu, et qu'en n'étant ni trop indulgent ni trop dur envers sa personne, on peut suivre une voie qui consiste à se montrer plus aimable envers les autres et soi-même, pratiquer la méditation avec constance, et avoir une vie noble. C'est alors qu'il a atteint l'illumination.

Lorsque des personnes qui traversent l'étape « d'où viennent toutes ces pensées ? » me demandent quoi faire pour améliorer leur pratique méditative, je me rappelle toujours ce que mes professeurs me disaient : « Reste assis. » Il ne s'agit pas ici d'une aventure dans laquelle on se lance parce qu'un gars nommé Sid l'a vécue il y a deux mille six cents ans, ou parce qu'on constate que des gens en tirent de grands bienfaits, non, on le fait parce que l'on constate ses effets lénifiants sur notre personne.

Quand le Bouddha a atteint l'illumination, il s'est mis à la recherche d'amis qui avaient médité avec lui par le passé. Mais au lieu de leur dire : « J'ai trouvé la vérité et je vous invite maintenant à me suivre », il leur a simplement déclaré : « Venez et voyez par vous-mêmes. »

La méditation est le chemin qui mène à la découverte de soi. Si nous écoutons les conseils du Bouddha et d'autres grands maîtres du passé et persévérons dans la pratique, nous cesserons, petit à petit, de nous sentir bombardés par un torrent de pensées. Au lieu de cela, nous aurons l'impression de voguer dans le courant d'une puissante rivière. Mais ceci n'est qu'un commencement. Avec le temps et la pratique, nous constaterons que le torrent de pensées s'est transformé en calme ruisseau ou en source limpide menant au lac infini et sans rides de l'éveil de l'esprit.

Le processus graduel qui, pendant la méditation, nous habitue à revenir à la respiration permet de développer un espace mental qui, au cours du temps – et sans que nous ayons rien à faire – se manifestera tout naturellement dans notre vie quotidienne. Dans la pratique de la méditation, nous apprenons à accueillir nos pensées sans agir sur elles. Cette approche constitue un incroyable outil dans un monde où un courriel acariâtre ou la touche « effacer » d'un téléphone portable peut mettre fin à une relation.

Il peut arriver, durant une séance de méditation, que vous ressentiez de la colère contre un collègue ou un camarade de classe. Vous ruminez alors une série de conversations que vous avez eues avec cette personne, auxquelles vous avez mis fin de différentes manières. Vous analysez les raisons pour lesquelles cette personne vous a trahi, vous vous demandez comment lui rendre la pareille. Chaque fois que vous vous surprenez à couver ce genre de pensées, accueillez-les et étiquetez-les sous le terme « PENSÉES », puis retournez à la respiration. Cela peut se dérouler comme suit :

« Bernard est un imbécile. »
« Pensées ».
Retour à la respiration.
« Bernard s'est vraiment déchaîné pour gâcher ma journée. Je suis sûr qu'il voulait… »
« Pensées ».
Retour à la respiration.

En répétant cette simple pratique qui consiste à créer un espace mental, vous vous préparez à insérer cette personne et cette émotion dans votre vie quotidienne. Cette pratique s'appelle « méditation » parce que vous apprenez à être présent à vos expériences pendant que vous méditez, et parce que cette pratique déborde sur les vingt-trois heures et demie pendant lesquelles vous ne méditez pas. Lors de votre prochaine rencontre avec Bernard, au lieu d'éprouver du ressentiment contre lui, vous pourrez, grâce à l'espace mental que vous avez créé, éviter de réagir comme vous l'avez toujours fait. Autrement dit, vous serez simplement présent à la situation et aux circonstances.

Lorsque vous aurez traversé cette phase, vous vous dirigerez petit à petit vers la deuxième, celle au cours de laquelle vous vous direz : « Cette méditation m'aide un peu. » Vous constaterez alors avec plaisir que cette pratique vous permet d'accéder à une plus grande ouverture, aussi bien de l'esprit que dans votre vie quotidienne. La raison en est que la méditation n'a rien à voir avec le désir de fabriquer une version idéale de ce que nous sommes, mais de nous permettre d'être présents à nous-mêmes et à nos expériences, quelles qu'elles soient.

La troisième étape pourrait être considérée comme la phase de transition. Vous avez constaté qu'en créant une situation plus spacieuse autour de vos pensées et des émotions fortes qui vous secouent, vous êtes davantage en mesure de les raccorder plus effectivement à votre vie quotidienne. Cela vous fait du bien. Tellement de bien que vous voulez continuer à explorer cette voie qui va vous permettre d'apporter une bonne dose de bon sens à votre vie quotidienne, au monde qui vous entoure, et à vous-même.

Cependant, tout comme il a fallu au Bouddha, notre exemple primordial, un grand nombre d'années pour mettre au point une technique qui lui convienne, vous ne pouvez espérer que la méditation change votre existence du jour au lendemain. Lorsqu'on veut se remettre en forme physiquement, on ne fait pas de miracles en quelques jours de jogging ou en un week-end intensif dans un centre de conditionnement physique. Pour arriver à un résultat valable, il est préférable de commencer lentement, de s'accoutumer progressivement aux machines et aux poids, de renforcer ses muscles, session après session, et pendant le temps nécessaire. On se sent alors très encouragé chaque fois que l'on est capable d'aller un peu plus loin dans l'effort.

La même règle s'applique à l'esprit pendant la méditation. Vous n'atteindrez pas l'illumination après cinq heures de pratique. Et vous ne devez surtout pas, après une semaine de ces quinze minutes quotidiennes qui vous procurent la sensation d'être un peu plus ouvert et plus sensé, abandonner en vous disant que c'est gagné. Séance après séance, vous construisez la souplesse mentale et l'ouverture qui va faire de votre esprit un auxiliaire fort et enthousiaste. Il est préférable de commencer par entraîner cet esprit régulièrement et pendant de courtes séances, de manière à édifier la stabilité qui finira par rejaillir sur toute votre vie.

Je crois que tout individu attiré par la spiritualité veut participer à l'amélioration du monde. Aucune des personnes qui a choisi de lire ce livre ne l'a fait parce qu'elle voulait acquérir une nouvelle voiture ou un conjoint plus séduisant. Comme vous, ces personnes veulent mener une existence plus saine, apprendre comment devenir plus ouvertes et plus disponibles dans leur vie quotidienne. Elles veulent répandre le bon sens et la compassion dans ce monde de plus en plus chaotique. La première étape consiste à affronter vos démons mentaux en apprenant à vous connaître grâce à la méditation. Rapprochez-vous de vous-même et, même si cela sonne comme un cliché, apprenez à vous aimer. C'est seulement alors que vous deviendrez disponible pour aider vos semblables.

Le réveille-matin samouraï n'indique qu'un des moyens d'entamer la journée. Chaque matin, vous pouvez vous éveiller en vous disant : « Allez, hop ! Il est temps de te lancer dans la bataille. C'est toi contre le monde. » Pour gagner ce combat, vous vous montrez dur à la tâche afin d'obtenir augmentations et promotions, acheter les gadgets dernier cri, avoir un ou une conjointe attrayant(e). Ce point de vue est dépassé. Il est dépassé et il ne tarde pas à devenir épuisant, car vous ne cessez de lutter pour gravir les échelons. En outre, vos gadgets deviennent rapidement obsolètes et le look de votre partenaire finit par se ternir. Considérer la journée comme une bataille à gagner nous sépare du monde qui nous entoure et fait de notre vie quotidienne un sommet à conquérir. Ou nous permet simplement de survivre.

Pourquoi, au contraire, ne pas considérer votre existence comme une mine de possibilités ? Lorsque le réveil sonne, accordez-vous une minute pour réfléchir à tout ce qui fait partie de votre vie : vos amis, votre famille, vos proches. Appréciez-les à leur juste valeur. Avant de vous lancer dans la journée, prenez le temps de méditer. Vous constaterez que le simple fait de consacrer un peu de temps à cette pratique vous donnera l'impression de vous mouvoir dans un plus vaste espace et d'avoir un esprit plus ouvert et plus généreux.

Si vous faites cela, vous découvrirez que ce monde et les scénarios qu'il propose, ce monde qui vous paraît parfois si intimidant et contre lequel vous vous ingéniez à lutter, est loin d'être aussi difficile à affronter quand on le fait sans idées fixes, sans agressivité et sans confusion. Vous constaterez qu'il offre au contraire de larges espaces pour que s'y déploient des situations nouvelles. Moins vous vous accrocherez à votre vieille version des choses, plus vous deviendrez disponible devant tout ce qui se présente à vous. Lorsqu'il en sera ainsi, votre existence ne sera plus un champ de bataille, mais un terrain de jeu dans lequel vous jouirez pleinement de la vie.

2

Riez des pensées qui défilent dans votre tête

Avant de vous embarquer dans le développement de votre sagesse et de votre compassion, vous devez apprendre les bases de la méditation et savoir comment travailler avec votre esprit. La technique de méditation présentée dans ce chapitre porte le nom de *shamatha*, terme sanscrit que l'on pourrait traduire par « cultiver la paix » ou « demeurer en paix ». Cela semble particulièrement prometteur, n'est-ce pas ? La simple démarche consistant à prendre le temps nécessaire pour rompre avec le train-train quotidien peut induire cet effet calmant sur l'esprit.

Je ne peux cependant vous cacher la vérité : la méditation n'est pas toujours calme. Lorsque vous entamez cette pratique, vous constatez que *shamatha* a un effet secondaire éprouvant. Vous voyez défiler, comme sur un écran, les différentes divagations de votre esprit. Vos espoirs, vos peurs et vos fantasmes sexuels les plus débridés s'y bousculent et y repassent en boucle. Après être resté prisonnier de ce tourbillon pendant un moment, vous constatez que le jeu est passablement ennuyeux et répétitif. En fait, ces peurs, espoirs et fantasmes ont toujours été là, dans votre esprit, mais vous ne les avez jamais regardés en face.

Former son esprit avec Shamatha

Shamatha entraîne l'esprit à revenir à tout ce qui fait partie du présent. Lorsque vous observez le déploiement de votre esprit et que celui-ci vous permet d'imaginer, par exemple, une scène dans laquelle vous savourez, les orteils dans le sable chaud, un délicieux rafraîchissement sur une plage des Caraïbes, vous vous dites sans doute : « Hé, ce n'est pas ma réalité, ça ! Ma réalité, c'est un appartement trop petit, un fichu mal de dos, et un cerveau qui divague. » Eh bien, croyez-le ou pas, vous êtes sur la bonne voie. Le simple fait de remarquer que vous êtes perdu dans vos pensées est le premier pas pour revenir au présent sur une base régulière.

On peut comparer cet événement à une première visite aux Alcooliques Anonymes, où l'on admet enfin son impuissance face à l'alcool. Mais ici, vous vous dites : « Je n'ai aucun pouvoir sur ce flot abracadabrant de pensées et d'émotions qui défilent dans ma tête. » Heureusement, comme chez les AA, il existe une voie qui permet de récupérer ce pouvoir : revenir tout doucement à d'autres activités et rompre avec la force de l'habitude.

Méditer avec shamatha, c'est comme brandir une épée et couper les nœuds qui encombrent votre esprit comme on coupe une feuille de papier. En revenant constamment à votre respiration, vous apprenez à ne pas vous laisser piéger par les petits faits tracassiers de la journée. Au lieu de cela, vous entrez en contact avec la paisible réalité qui se cache derrière cette agitation : votre sagesse fondamentale.

La méditation est une pratique traditionnelle partout dans le monde. Ce n'est pas une pratique bouddhiste en soi, ni même une pratique religieuse, et elle existe depuis des siècles. La raison pour laquelle vous et moi pouvons y avoir recours, c'est parce que notre ami Sid en a fait un outil qui lui a permis de découvrir sa sagesse innée, et qu'il a vécu heureux après cette découverte. Nous pouvons nous aussi accéder à la sagesse qui se cache derrière notre confusion. Nous pouvons nous aussi regarder ce qui défile sur notre écran personnel et comprendre que tout est illusoire.

Sid s'est surtout fait connaître pour un phénomène que l'on appelle l'illumination. Ce qu'il a découvert a été le sujet de nombreux débats et a été décrit dans un nombre incalculable de livres. En ce qui nous concerne, contentons-nous de nous dire qu'il s'est éveillé à la réalité vraie. Par le biais de la méditation, il a trouvé le calme ultime : celui qui consiste à ne pas se laisser distraire par ce qui défile sur l'écran de l'esprit. C'est ainsi qu'il a associé perspicacité et sagesse – ce qui est souvent décrit comme la nature du Bouddha, ou la bonté fondamentale.

Chacun de nous a le potentiel nécessaire pour être un bouddha. Nous possédons la bonté innée que le Bouddha a découverte avant nous. Sid avait développé une confiance profonde en sa bonté fondamentale, et il a pu l'offrir avec constance. Croyez-moi, shamatha peut aussi aider des idiots comme vous et moi.

Pour l'instant, l'illumination n'est pas notre objectif ultime. Tant mieux. Mais si vous voulez ouvrir plus largement votre cœur, apprendre comment repousser les fortes émotions qui ne cessent de vous prendre à la gorge, et diminuer votre stress, sachez que shamatha est le meilleur outil. Grâce à shamatha, vous deviendrez moins accro au torrent incessant de pensées et d'émotions qui se bousculent dans votre tête.

Illustrons cette réalité. Supposons que vous soyez chez vous. Servez-vous un verre d'eau. Si vous n'y êtes pas, imaginez la scène. Cette eau claire est pareille à votre état naturel. Elle est limpide, sans une ride.

Laissez tomber de la poussière dans votre verre. C'en est fini de la limpidité ! L'eau devient trouble, surtout si vous la remuez avec une cuillère.

Cette tornade trouble caractérise le traitement que nous faisons quotidiennement subir à notre esprit. Lorsqu'une pensée ou une émotion forte se présente à nous, nous la laissons tournoyer à l'intérieur de notre tête selon une foule de scénarios différents. Une parcelle de poussière peut signifier, par exemple : « Qu'a voulu dire Laura dans ce message bizarre ? », et la poussière qui s'accumule se transforme alors en une douzaine d'autres scénarios à propos de ce que Laura pense, de la réponse que nous aurions dû lui donner, de la personne à qui nous pourrions nous confier, etc. Lorsque nous épuisons notre énergie mentale à faire tournoyer tous ces « et si ? », notre esprit s'embourbe.

Cessons maintenant de faire tourner la cuillère dans le verre. Regardons la poussière retomber au fond. Tandis qu'elle se dépose, l'eau du verre retrouve sa clarté et sa limpidité.

De la même manière, notre esprit est une toile de fond sur laquelle nos émotions et nos sentiments défilent. L'esprit, lui, reste naturellement clair et vif. C'est parce qu'il est fondamentalement bon. Et lorsque nous ne nous laissons pas happer par le défilé cyclique de nos pensées, sentiments et émotions, nous découvrons que le fait d'être présent à notre sagesse innée est tout à fait revigorant.

Quelques conseils pour la méditation

Voici quelques conseils pour ceux qui désirent déposer leur cuillère et tenter de rejoindre leur bonté fondamentale.

L'emplacement

Choisissez un bon endroit pour méditer. Il est important d'opter pour un lieu confortable, tranquille, propre, dans lequel vous vous sentez bien. Si vous ne trouvez pas un endroit qui réunit toutes ces qualités, essayez de dénicher un espace qui en possède au moins deux ou trois.
Certaines personnes se procurent un coussin de méditation dans une boutique spécialisée, alors que d'autres préfèrent utiliser un oreiller posé sur une couverture. Si vous avez un problème de dos, vous pouvez méditer assis sur une chaise.

Placez le soutien qui vous convient dans un endroit surélevé et spacieux. Il n'est pas indispensable que cet endroit soit totalement à l'épreuve du bruit, mais il est souhaitable que vous vous sentiez bien dans cet environnement et que vous puissiez y rester pendant un certain temps sans être distrait par quoi que ce soit. Ne vous installez surtout pas devant votre ordinateur, ni devant le téléviseur, même s'ils sont éteints. Méditer devant un mur ou une fenêtre fait parfaitement l'affaire.

Le corps

Installez-vous sur le coussin ou sur la chaise. Si vous êtes assis sur le coussin, croisez les jambes, mais sans forcer. Si vous êtes sur une chaise, placez vos pieds fermement sur le sol. Avant de commencer à méditer, vous devez vous sentir parfaitement en équilibre, et « connecté » au sol.

Ainsi installé, tenez-vous droit (comme votre mère vous l'a si souvent demandé). Imaginez qu'une corde prend racine dans votre tête et vous tire vers le haut, allongeant ainsi votre colonne vertébrale. Ne forcez en rien votre corps, permettez-lui de garder ses courbes naturelles. Détendez vos bras et vos épaules.

Le Bouddha avait un élève musicien qui se montrait particulièrement rigide pendant la méditation. Notre ami Sid lui a dit : « Rappelle-moi comment tu fais pour accorder ton instrument. Comment les cordes doivent-elles être ?

Le jeune musicien a répondu : « Ni trop tendues ni trop lâches.

– Parfait. C'est ainsi que tu dois méditer. »

Lorsque vous adoptez votre posture de méditation, souvenez-vous bien de cela. Ne tendez pas vos muscles jusqu'à les tordre, mais ne vous affaissez pas comme si vous étiez prêt à glisser dans le sommeil. Trouvez votre posture idéale.

Placez vos bras le long de votre corps. Puis, sans bouger le haut des bras, pliez ceux-ci à hauteur du coude et levez les mains. Laissez-les retomber ensuite sur vos cuisses, paumes vers le haut. C'est l'endroit où elles se sentiront le plus à l'aise.

Votre tête reposant doucement au sommet de votre colonne, rentrez un peu le menton. Détendez les muscles de votre visage, autour des yeux, du nez, de la mâchoire. Votre bouche peut être légèrement entrouverte, ce qui est une sensation très agréable. Si cela vous aide, laissez votre langue toucher votre palais.

Une dernière chose : gardez les yeux ouverts. Certaines écoles de méditation conseillent à leurs adeptes de fermer les yeux ; d'autres prônent le contraire. Je suis partisan de la dernière école. Si l'objectif de la méditation est de rester présent à soi, il est beaucoup plus facile de le faire si on n'éteint pas volontairement un de ses sens. Cela vous évitera de vous endormir, ce qui arrive parfois aux adeptes des yeux fermés. Essayez de les garder ouverts, le regard posé sans forcer sur un point ou un objet se trouvant à 50 cm/1 m devant vous, sur le sol.

La respiration

L'objet de la méditation est la respiration, mais il ne faut pas la forcer. Laissez-la venir tout naturellement. Il vous sera facile de vous y accorder. La régularité de la respiration apaise l'esprit. La respiration *est* le présent, et elle l'est toujours. Et comme elle se renouvelle constamment, elle est une ancre parfaite pour rester dans le moment présent.

Fixez votre attention sur la sensation physique ressentie à chaque inspiration et expiration. Ne modifiez pas votre rythme naturel.

L'esprit

Vous êtes inévitablement distrait et votre respiration s'en ressent. Des problèmes urgents surgissent dans votre tête, vous êtes mal à l'aise, vous avez envie de replacer votre coussin, de corriger votre posture. Vous vous surprenez parfois à vous rejouer une conversation téléphonique récente, ou à répéter ce que vous allez dire à votre petite amie lors de votre prochaine rencontre.

Ne vous inquiétez pas. Tous les méditants ont ou ont eu les mêmes problèmes. Je suis absolument certain que Sid, dans sa phase « d'où viennent toutes ces pensées ? », s'est parfois demandé ce qu'il allait manger au dîner.

La meilleure attitude à adopter lorsque vous êtes assailli par vos pensées, vos émotions ou vos fantasmes est, comme je vous l'ai dit plus tôt, de revenir à votre respiration. Si cela peut vous aider, dites-vous, mentalement : « Pensées ». Cela vous rappellera que vous êtes effectivement en train de penser. Ce faisant, ne portez aucun jugement sur ces pensées. Elles ne sont ni bonnes ni mauvaises. Il s'agit tout simplement de vous rappeler que vous devez revenir à votre respiration.

Si vos pensées sont délicieusement bonnes, ne craignez rien, vous ne les perdrez pas. Je vous promets qu'elles existeront encore, sous une autre forme, après votre séance de méditation. Le poète Allen Ginsberg tenait un journal, qui se trouvait toujours près de son coussin de méditation. Lorsque de brillantes pensées lui tourneboulaient dans la tête, son maître, Chögyam Trungpa Rinpoché (le maître de méditation qui a fait connaître le bouddhisme shambhala à l'Occident)[1], l'aidait à les maîtriser. Au lieu de lui déclarer : « C'est le moment ou jamais d'écrire un autre *Howl*[2], il lui disait : « Laisse ces pensées de côté pour l'instant. Reviens à ta respiration. »

Chaque fois qu'une pensée importante me vient à l'esprit pendant la méditation, je me remémore cette anecdote. Elle m'aide à ramener toute mon attention sur ma respiration. Quelles que soient vos pensées, revenez-y. Aucun bond hors du coussin n'est permis.

Le moment

Il est essentiel que vos séances de méditation soient courtes et régulières. Déterminez la durée pendant laquelle vous pouvez rester assis sans vous effondrer. Même si ce n'est que dix minutes par jour, c'est très bien. Mais ne manquez pas une séance.

1. Pour avoir une idée plus précise de ce qu'est exactement le Royaume à la fois mythique et concret de shambhala, le lecteur peut consulter, sur Internet, la page intitulée « Shambhala, la voie du guerrier ». http://www.buddhaline.net/imprimer.php3?id_article=63 N. du T.

2. Le plus beau poème en prose d'Allen Ginsberg. N. du T.

Méditer, c'est comme apprendre à jouer d'un nouvel instrument. Si vous jouez de la guitare une fois par mois pendant une heure ou deux, vous apprendrez quelques lignes mélodiques, mais vous finirez par vous décourager car vous constaterez, au bout d'un an, que vous n'êtes même pas capable de composer une chanson entière. En revanche, si vous jouez dix minutes par jour, vous apprendrez non seulement quelques accords, mais une chanson tout entière. Et en très peu de temps, vous deviendrez soliste dans un groupe de garage.

La même idée s'applique à la méditation. Si vous méditez une heure ou deux chaque mois, elle n'aura pas grand effet sur vous. Alors que si vous lui consacrez dix minutes par jour, vous finirez par vous habituer à cette pratique et ses effets commenceront très vite à imprégner le reste de votre vie.

La méditation élève la conscience, ce qui permet d'être attentif à toutes choses. Vous commencez par voir défiler des idées folles sur l'écran mental de votre esprit, vous leur jetez un simple regard, puis vous utilisez shamatha pour mettre un frein à cette envie de gober n'importe quel scénario.

Tandis que vous stabilisez votre esprit, vous remarquez que votre pratique méditative devient plus agréable. Votre sens de l'humour se manifeste devant les images échevelées qui défilent sur votre écran. Ce qui était au départ dramatique devient cocasse. Ce n'est pas parce que l'intrigue est différente, non, vous avez toujours cette même impulsion, cette même tendance à être furieux contre un collègue, ou le désir de mettre au point le scénario de votre prochaine rencontre sentimentale, mais vous ne vous sentez plus impuissant et incapable de reporter votre attention ailleurs. En bref, vous pouvez revenir à votre bonté fondamentale. Vous pouvez rire des images qui défilent sur votre écran. Vous ne les prenez plus au sérieux.

Quand vous en arrivez à ce point, vous savez que vous pouvez croire au pouvoir de cette pratique dont vous bénéficiez déjà. Vous êtes en contact avec votre bonté fondamentale, et vous voyez la bonté du monde qui vous entoure.

3
Manifestez les qualités du tigre

J'ai grandi dans les années quatre-vingt. J'adorais la bande dessinée *Super Friends*, qui associait trois super héros : Superman, Batman, et Wonder Woman. La puissance de ces trois personnages l'emportait immanquablement sur celle de tous les « méchants » qu'ils rencontraient sur leur chemin.

Dans le bouddhisme traditionnel tibétain, nous avons notre propre aréopage de Super Friends. Ce sont les quatre animaux mythiques et non mythiques qui incarnent différents aspects de notre sagesse et de notre compassion. Pris séparément, il s'agit du tigre, du lion, du *garuda* (moitié oiseau, moitié homme), et du dragon, mais lorsqu'ils sont rassemblés, ils représentent les quatre dignités de shambhala. Ensemble, ils ont de grands pouvoirs, mais au lieu de les provoquer par un cri ou à l'aide d'anneaux secrets, nous devons nous efforcer d'incarner leurs qualités et de les manifester à tout moment de notre vie.

Tout au long de ce livre, nous explorerons ces quatre dignités. Leurs qualités sont incroyablement pratiques. Nous considérerons donc les animaux qui les représentent non comme des entités ésotériques vivant dans un univers parallèle, mais comme les quatre qualités fondamentales de notre propre esprit. En étudiant ces dignités, nous découvrirons de simples outils qui nous permettront de prendre contact avec notre bonté aimante et de la manifester de telle manière qu'elle soit bénéfique pour nous et pour notre entourage.

Chaque dignité se rattache étroitement à l'une des voies traditionnelles du bouddhisme tibétain. Tandis que nous étudierons chaque animal, nous progresserons tout au long des trois *yânas*, ou véhicules composant les cycles successifs de l'enseignement bouddhiste.

Le tigre et la voie de l'hinayâna

le tigre est le premier des quatre animaux. Dans la tradition, un grand nombre des qualités du tigre font partie de la voie de l'hinayâna. Cette voie nous permet de nous concentrer individuellement sur notre propre voyage vers l'illumination, mais elle n'exclut pas que l'on puisse en faire profiter les autres.

Hinayâna est un mot qui se traduit par « petit véhicule » (ou « étroit », ou « moindre »). Quelques traditions bouddhistes s'en tenant exclusivement à cette voie, il n'est pas étonnant qu'elles puissent être offensées par cette traduction. Au lieu de nous préoccuper de ces susceptibilités, considérons plutôt l'hinayâna comme un processus qui va nous permettre de nous prendre en main. Autrement dit, l'hinayâna est un moyen de travailler sur notre esprit avec constance afin de nous diriger vers la brillance d'un éveil lumineux.

Je pense que chacun de nous peut y arriver. La raison pour laquelle l'image du tigre est étroitement liée à l'hinayâna tient au fait que cet animal est directement associé à son environnement immédiat et qu'il s'éveille ainsi à sa propre vie.

Les trois qualités du tigre

les trois qualités fondamentales du tigre sont le discernement, la douceur et la précision.

Le discernement

Le tigre se fraie un chemin à travers la jungle avec grâce et souplesse. Il prend son temps, inspecte son environnement, puis se déplace en conséquence. Autrement dit, le tigre observe avant de bondir.

Pour nous, les méditants du XXIe siècle, cette force signifie qu'avant de prendre une lampée de vodka, nous devons nous demander : « Cette gorgée d'alcool m'apportera-t-elle le bonheur, ou la douleur ? » En jetant ce regard honnête sur notre désir, nous découvrirons sans doute que nous buvons, par exemple, parce que nous avons été rejetés par notre partenaire et que nous voulons noyer notre chagrin. Si c'est le cas, nous devons admettre que la vodka n'est qu'un vulgaire pansement sur notre souffrance. Lorsque nous serons sortis des vapeurs de l'alcool, nous constaterons que notre faiblesse ne nous a pas rendu l'objet de notre perte. Dans ce scénario, le fait d'invoquer le discernement du tigre nous permet de réaliser que nous enivrer n'est pas un moyen viable pour aller de l'avant. Au lieu de cela, nous devons affronter notre peine directement, droit dans les yeux, sans emplâtre et sans médication.

En réfléchissant de cette manière à nos activités quotidiennes, nous étudions de près nos comportements récurrents. Nous découvrons alors que nous buvons quand nous sommes contrariés ; que nous nous rongeons les ongles quand nous sommes nerveux ; que nous faisons l'amour quand nous nous sentons seuls. Il convient alors de détacher notre attention de notre coussin de méditation et de l'appliquer à la dure réalité quotidienne. Lorsque nous saurons à quels aspects de notre vie nous voulons participer et découvrirons ceux dont nous ne voulons plus, nous pourrons tracer notre chemin vers le bonheur.

La douceur

Les tigres sont souvent décrits comme des animaux féroces. Mais si vous avez observé une tigresse avec ses petits, vous avez constaté qu'elle pouvait être extrêmement douce. La majesté du tigre provient du fait que tout en étant capable de déchirer un autre animal avec ses griffes, il choisit souvent de n'en rien faire.

Le maître bouddhiste Tulku Urgyen Rinpoché, maintenant décédé, avait coutume de dire : « On peut accomplir deux ou trois choses en étant agressif, mais avec la bienveillance on peut tout accomplir. » Si vous réalisez que vous vous laissez aller à certaines dépendances qui ne vous procurent que des regrets, comme la boisson, par exemple, ne vous réprimandez pas en ces termes : « Espèce d'idiot, tu savais que la vodka allait te pousser à lui téléphoner, et maintenant, non seulement tu as raté une bonne occasion de te taire, mais elle t'en veut ! » Ce type de dialogue intérieur est contreproductif.

Le chemin de l'autoréflexion est long et escarpé. Si vous êtes furieux contre vous chaque fois que vous manquez une séance de méditation, ou que vous appelez votre ex en état d'ivresse, vous serez sans doute démoralisé et vous aurez envie de bondir sur un autre chemin. C'est la raison pour laquelle il est extrêmement important de faire preuve de bienveillance envers vous-même, de vous ménager. Le tigre est amical envers soi-même et gentil avec les autres.

Pema Chödrön[3], maître de la tradition bouddhiste shambhala, a rencontré un jour un homme qui avait décidé de faire de son enseignement l'inspiration de son voyage méditatif. Alors qu'elle donnait une conférence au Texas, dans les années soixante-dix, Pema avait regardé les hommes à forte carrure et chapeau de cow-boy qui l'écoutaient et s'était dit : « Je me demande si ce que je raconte les touche. »

Quelques années plus tard, quelle n'a pas été sa surprise lorsqu'un de ces gaillards s'est présenté à elle lors d'une séance de signature. Depuis la conférence, il méditait. Il avait cessé, a-t-il ajouté, de se montrer intraitable envers lui-même. Auparavant, il entrait dans une colère froide quand il se surprenait à caresser des fantasmes ; il se disait, rageusement : « Tu penses, imbécile ! » Après la conférence,

3. Pema Chödrön dirige l'abbaye de Kempo, en Nouvelle-Écosse, le premier monastère tibétain d'Amérique du Nord destiné aux Occidentaux. N. d. T.

il avait adopté une nouvelle approche et il ressentait beaucoup de joie chaque fois qu'il revenait tranquillement à sa respiration en se disant gentiment : « Tu penses, mon bon vieux. »

Si nous voulons que notre méditation s'épanouisse, nous avons besoin nous aussi de mettre cette approche aimable et bienveillante en pratique. Nous devons la cultiver, dans tous les aspects de notre vie, chaque fois que nous sommes envahis par la frustration. Nous ne pouvons pas nous fouetter à chaque bourde que nous commettons. Au cours des deux mille cinq cents années de méditation et d'enseignement du bouddhisme, aucun maître n'a jamais dit : « Franchement, il te suffit de te fouetter et tu changeras intérieurement. »

Cheminer, à l'instar du tigre, avec grâce et souplesse est une pratique à adopter. Elle exige réflexion, connaissance, et patience. Ultimement, vous incarnerez ces qualités. Lorsqu'on se montre aimable avec soi-même, on peut l'être envers les autres.

La précision

Tandis que le tigre se meut lentement à travers la jungle, il dépose chaque patte sur le sol avec prudence. Ses sens sont en accord avec l'univers qui l'entoure. Autrement dit, il est présent et éveillé à son environnement.

Nous nous précipitons souvent à travers la vie sans réellement apprécier ce qui se passe autour de nous. Grâce à la méditation, nous apprenons à être présents à des moments particuliers de notre vie. Dans la méditation, nous vivons ces moments où notre corps respire naturellement, où nos pensées s'écoulent, où notre mal de dos s'atténue. Cette attention précise nous permet, une fois la méditation terminée, d'être présent dans chaque aspect de notre vie, que ce soit au travail, à l'école, au téléphone avec un membre difficile de notre famille, ou lorsque nous caressons un animal.

Être toujours présent vous paraît difficile ? Vous vous sentez submergé ? Essayez de vous acquitter d'une simple corvée : laver la vaisselle. Dirigez-vous vers l'évier de la cuisine. Il n'y a pas de vaisselle sale ? Qu'à cela ne tienne, préparez-vous un en-cas et vous en ferez.

Prenez l'assiette sale. Sentez son poids dans vos mains. Ouvrez le robinet. Sentez la chaleur de l'eau sur votre peau. Saisissez une éponge, soyez sensible au changement de texture de cette éponge lorsque, de sèche et rugueuse, elle devient douce et mouillée. Lavez soigneusement l'assiette et, quand vous aurez fini, admirez sa propreté.

Soyez présent à toutes les étapes de cette tâche. Vous serez surpris de constater à quel point vous vous sentez apaisé.

Être présent dans divers aspects de notre vie nous donne l'impression de ralentir et d'être plus attentif. S'il vous est déjà arrivé de vous immobiliser au milieu d'un embouteillage, vous avez sans doute eu l'impression de mettre un frein à la précipitation qui vous tient si souvent dans ses griffes. Il n'est pas nécessaire de bloquer une rue pour ressentir ce soulagement. On peut être présent à un collègue qui se montre ennuyeux, ou à son conjoint ou conjointe quand on fait l'amour. Si nous apprécions tellement l'effort qui doit être fait pour nous acquitter sérieusement de notre travail, ou pour être un bon partenaire, c'est parce que, ce faisant, nous mettons un frein à l'agitation qui nous entoure.

Lorsque nous mettons un frein à notre rythme habituel, nous nous apercevons que nous accordons la même attention patiente à tous les aspects de notre vie. C'est ce que fait le tigre quand il inspecte la nature sauvage pour y repérer sa proie. Tout comme le tigre choisit sa proie, prenez le temps de choisir avec soin le vêtement que vous allez porter. Nouez votre cravate, drapez un carré de soie sur vos épaules avec la même précision. Cette précision embellira votre geste et vous procurera un sentiment de bien-être. En étant présent à vos actes et en vous efforçant d'être précis, vous incarnerez la majesté du tigre.

Il faut beaucoup de courage pour jeter un regard honnête sur son existence et pour se dire ensuite : « Je veux changer. » Cela exige d'abord le savoir-faire nécessaire pour procéder au changement. En étudiant les quatre dignités, vous apprendrez quelles sont leurs qualités et ce qu'il faut faire pour les incarner. Vous pouvez accéder aux qualités de nos Super Friends, car elles sont déjà en vous. Tout comme le tigre, vous pouvez manifester votre discernement, votre douceur, et votre précision dans un très large éventail d'activités. Ces qualités sont les instruments qui vont vous permettre d'apporter des changements dans votre vie. Nous les explorerons en profondeur dans les trois chapitres suivants.

Dans la langue tibétaine, il existe un mot qualifiant le guerrier qui entreprend une transformation intérieure afin de se mettre au service de ses semblables. Ce mot, *pawo*, signifie « celui qui est brave ». Le courage ne consiste pas à se battre avec le monde, le courage est le regard honnête que l'on porte sur sa propre existence. En suivant la voie du tigre, du lion, du garuda et du dragon, vous acquerrez les moyens nécessaires pour comprendre qui vous êtes, et pour offrir ensuite votre authenticité à votre monde.

4
Votre mandala

Le but de l'étude du bouddhisme
n'est pas l'étude du bouddhisme,
mais l'étude de soi.
SHUNRYU SUZUKI ROSHI

Dans la première scène du film *Ocean Eleven* (2001), le protagoniste principal, Danny Ocean, est sur le point de sortir d'une prison du New Jersey. En smoking, nœud papillon négligemment noué, on le voit parcourir les quelques mètres qui le séparent de la liberté. Quelques semaines plus tard, il sort d'un casse avec onze millions de dollars en poche et l'amour de son ex-femme.

Une partie de l'histoire semble avoir été coupée au montage : celle qui concerne les quatre années de détention pendant lesquelles Danny s'est préparé, jour après jour, à ces quelques semaines triomphales. Sa démarche nonchalante, son allure détendue ne sont que les précurseurs d'une chaîne d'événements préparés avec minutie par un homme qui a consacré tout son temps et toute son énergie à l'aboutissement d'un projet. Ocean a une motivation, un objectif précis. Aussitôt qu'il en a la possibilité, il fait ce qui doit être fait pour l'atteindre.

Le pandit indien Shantideva a écrit :

Hérons, chats, et voleurs
Accomplissent leurs objectifs
En se faisant discrets et silencieux.
Ainsi est la pratique constante du sage.

Shantideva utilise le mot « sage » car il fait référence à un terme bouddhiste tout aussi usité : *bodhisattva*. Ce mot peut être traduit du sanskrit par « guerrier au cœur éveillé » ou « cœur/esprit éveillé ». Le guerrier, dans ce cas, n'est pas un homme qui aspire au combat, mais un individu qui désire – comme je vous l'ai dit plus tôt – s'engager et changer sa relation au monde. Alors que le voleur est motivé par l'argent et le pouvoir, le bodhisattva est motivé par la volonté de travailler sur son propre esprit de manière à faire profiter les autres de son enseignement et de sa sagesse.

Le bouddhisme est souvent perçu comme une religion moralisatrice. Lorsque j'étais à l'université et que je disais à mes camarades que j'étais bouddhiste, ils lorgnaient avec scepticisme la bière que je me préparais à boire et la fille qui se serrait tout contre moi. Ils pensaient que les bouddhistes n'ont pas le droit dc prendre un verre, ni de faire l'amour. Ils se trompaient. Le bouddhisme n'est pas une super religion plus puritaine que les autres traditions religieuses. Tout comme les adeptes d'autres traditions spirituelles, certains bouddhistes choisissent de mener une vie d'abstinence. D'autres restent des laïcs. En fait, les bouddhistes occidentaux ne crachent pas sur un verre de vin de temps à autre, et ce sont de merveilleux amants.

Il y a cependant, dans le contrat bouddhiste, des clauses en petits caractères. Le bouddhisme nous informe que nous devons connaître l'intention qui se cache derrière nos actions, et savoir si les gestes que nous allons faire auront un effet positif ou négatif sur notre entourage. Un maître de méditation indien, Atisha, a écrit : « Toute activité doit être accomplie avec une intention. » Cette intention doit reposer sur la volonté d'être attentif à notre personne et à nos gestes, condition *sine qua non* pour influencer le monde qui nous entoure de façon positive.

L'individu qui souhaite incarner les qualités du tigre doit diriger son discernement vers sa propre vie. Lorsque nous méditons depuis un certain temps, nous commençons à comprendre ce qui nous pousse à faire certaines choses. Reprendre une relation avec une personne dont nous nous sommes séparés répond peut-être au désir de nous donner à chacun une nouvelle chance, mais elle a surtout pour objectif de nous préserver de la solitude. Changer de carrière est sans doute une bonne tactique pour insuffler un peu d'air frais dans notre train-train quotidien, mais c'est surtout un excellent moyen d'échapper à un patron malcommode. Quand nous nous surprenons à embarquer dans une situation agréable ou désagréable, il est bon de réfléchir à notre motivation.

Hamlet n'était pas bouddhiste, mais il avait parfaitement compris la nécessité de connaître ses propres intentions.

Comme il le dit avec éloquence à Horatio : « Aucune chose n'est bonne ou mauvaise, c'est la pensée qui la rend ainsi. » Une bière n'est pas mauvaise en soi, et quand notre intention est de nous détendre avec quelques amis, elle est souvent de bon conseil. Par contre, lorsque nous sommes en colère et que notre motivation est d'oublier, par exemple, la présentation pourrie que nous venons de faire au bureau, boire un verre ne sert qu'à nous permettre d'échapper à la réalité. Dans chacun des cas, ce n'est pas la bière que nous devons blâmer si nous nous éveillons le lendemain avec une gueule de bois. Ce n'est pas la bière qui nous a obligés à boire, ce n'est pas elle qui nous a mis dans cet état, c'est notre esprit incapable de comprendre notre intention.

Un grand nombre de personnes aiment méditer le matin avant de s'embarquer dans la journée. C'est un véritable cadeau que ces dix ou vingt minutes de réflexion avant de se précipiter dans les tracasseries quotidiennes. Quand nous méditons le matin, diverses versions de « Qu'est-ce qui est super important aujourd'hui ? » nous passent par la tête. Mais nous pouvons aussi utiliser ce moment pour revenir constamment au présent, au lieu de nous laisser submerger par un torrent de pensées.

Nous pouvons aussi prendre de bonnes résolutions, que ce soit travailler très dur toute la journée sans le moindre conflit avec un collègue, aider un ami qui traverse une période de rupture difficile, ou, mieux encore, essayer de passer la journée en pleine conscience et avec discernement.

Dans l'hindouisme et le bouddhisme, le *mandala* est une sorte de tableau organisationnel. Dans le bouddhisme, il est souvent utilisé pour représenter l'entourage sacré d'un personnage ou d'une divinité sur laquelle on peut méditer. Cette divinité se trouve au centre du mandala. Un deuxième cercle l'entoure, dans lequel figurent des déités secondaires. Autour, dans d'autres cercles, on peut voir le reste de l'assemblée, jusqu'à ce que tous les êtres sensibles soient représentés.

Il y a aussi le mandala personnel que vous créez sans même vous en rendre compte. Ce qui représente votre motivation essentielle se trouve au centre. Disons que le mandala est en quelque sorte un moyen de vous protéger de tout mouvement de colère. Mais si vous l'élaborez avec, en son centre, ce désir de protection personnelle, vous développerez dans le cercle suivant les attitudes habituelles qui vous protègent des décisions dangereuses : acquérir des objets inutiles, par exemple.

De l'autre côté du mur solide et épais du mandala se trouve un autre cercle dans lequel figurent des êtres qui vous ont toujours tenu des propos agréables et qui vous permettent de vous sentir bien dans votre peau. Vient ensuite le cercle qui pourrait représenter les endroits accueillants dans lesquels vous aimez aller, et le plat que vous commandez toujours au restaurant de peur d'être déçu par un mets différent. Vous y ajoutez ensuite d'autres éléments afin de construire votre identité et votre style de vie dans une volonté d'autoprotection.

Je dirais qu'un grand nombre d'individus, en Amérique du Nord, placent les mots « Gravis les échelons » au centre de leur mandala personnel. Cela peut se traduire par la volonté de mettre leur carrière au premier plan, de dégoter le conjoint idéal, ou de trouver des moyens de devenir riche en peu de temps. À force de se battre pour atteindre leur but, ces gens finissent souvent par être désillusionnés. Ils cherchent alors d'autres objets qui peuvent les satisfaire. Dans ce cas, soit ils n'arrivent pas à leurs fins et se sentent épuisés, soit ils atteignent leur objectif et se lancent alors dans de nouvelles conquêtes.

Imaginez un monde dans lequel chacun de nous a comme motivation le désir d'être généreux et a placé cet objectif au cœur de son mandala. Une fois cette générosité installée bien au centre, le cercle suivant se compose d'idées astucieuses sur la manière de donner le maximum de temps, d'énergie et d'argent à la communauté. Le cercle suivant est peuplé d'êtres qui encouragent cette générosité, ou de personnes qui en ont été les bénéficiaires. Et ainsi de suite jusqu'à ce que nous découvrions que votre vie a été influencée par la structure de ce mandala, et que votre générosité est authentique.

Pour en revenir à notre ami Danny Ocean, disons, pour schématiser, qu'il a d'abord placé au cœur de son mandala un certain degré de convoitise, puis qu'il a accompli son casse avec une telle ingéniosité que ce fait d'armes lui a permis de reconquérir son épouse. Le centre du mandala de Danny Ocean était de satisfaire ses désirs personnels.

Pour cela, il a échafaudé une construction compliquée et peuplée de collègues et de complices – dont il a obtenu l'aide en leur promettant de l'argent – et une stratégie précise faite d'habiles diversions qui a pleinement servi ses objectifs. En bref, c'est la simplicité et la clarté de ses objectifs, associées à des années de réflexion (en prison), qui lui ont permis de triompher.

Mon ami David, lui, a quitté son emploi il y a quelques années pour créer un site web consacré à l'environnement. Comme il avait compris que le problème majeur de notre génération était le réchauffement climatique, il avait pris la ferme résolution d'éduquer ses compatriotes sur tout ce qui a trait aux problèmes environnementaux. En dépit d'une situation financière personnelle peu brillante et de rencontres foireuses avec des publicitaires et des investisseurs, il n'a cessé de se battre et n'a jamais remis en question sa motivation première : sauver la planète Terre.

Au centre de son mandala, sa motivation : éveiller la conscience de ses concitoyens et les sensibiliser aux mouvements de défense de l'environnement. Cette motivation a pris une telle place dans son quotidien qu'elle a rejailli sur son entourage. Sa mission ne s'est pas toujours déroulée aussi aisément qu'il le souhaitait, mais il a fini par avoir une profonde influence sur des centaines – voire des milliers – de personnes qui, depuis, accomplissent quotidiennement une foule de gestes destinés à réduire leurs émissions d'oxyde de carbone. Sa volonté de secouer la conscience de ses compatriotes et de les brancher sur les problèmes environnementaux n'a pas seulement transformé son existence, elle a communiqué à une foule de personnes le virus de la motivation environnementale, qui les encourage aujourd'hui à éduquer à leur tour leurs proches et à les convaincre de lutter eux aussi contre le réchauffement climatique.

Ce que Danny Ocean et mon ami David ont en commun, c'est le fait qu'ils ont exercé une influence sur leur entourage sans jamais imposer leurs idées de façon agressive. Lorsqu'on possède une forte motivation, cette dernière engendre un don de persuasion qui permet de travailler sans heurts avec les autres. La motivation est comme un phare dont la lumière communique notre passion et nos engagements.

Pour un grand nombre de personnes, le simple fait de découvrir leur motivation suscite des changements notoires dans leur existence. Supposons que vous ayez envie d'élever des pitbulls et que cette motivation prime soudainement dans votre existence. Cette décision va probablement faire des remous dans votre foyer et dans votre entourage, mais si cette activité vous apporte des satisfactions, il est possible que vous passiez une partie de votre vie – voire votre vie entière – à vous dévouer pour le bien-être de cette race canine. L'essentiel, en matière de motivation, est de débarrasser l'esprit de toutes les scories qui l'encombrent afin d'y voir plus clair et de nous engager dans la voie qui nous convient.

Une de mes amies, inscrite à un programme de méditation, a décidé un jour de consacrer son existence à des activités spirituelles et de ne plus jamais, au grand jamais, exercer un métier laïque. Vous vous dites sans doute : « En tout cas, c'est beaucoup plus noble que de s'occuper de chiens ! » Je répondrai à cela qu'il n'y a rien d'intrinsèquement bon ou mauvais dans un choix quelconque. C'est la pensée, et elle seule, qui lui prête une valeur. Lorsque mes maîtres spirituels écoutent les questions que leur posent leurs élèves à propos de leurs décisions les plus importantes, leurs réponses ne me surprennent pas. Combien de fois ne les ai-je pas entendus dire que ce qui rehausse leur vie spirituelle ou temporelle, ce n'est pas leur vocation, mais l'idée qu'ils s'en font. En ce qui concerne cette amie qui veut entrer au couvent pour se cacher du monde et ne plus jamais occuper un emploi, je dirais que sa décision n'est pas bonne. En réalité, se retirer du monde et se cacher est anti-bodhisattva. En revanche, si son intention avait été de cultiver la compassion envers elle-même pour pouvoir la partager avec ses semblables, le jeu en aurait vraiment valu la peine. C'est le point de vue, je le répète, qui importe.

Nous n'avons pas, pour la plupart, la possibilité de nous libérer du quotidien qui nous emprisonne. Nous devons continuer à accomplir nos tâches diverses : emploi, activités, études, obligations familiales, etc., et nous trouvons difficilement les dix à quinze minutes nécessaires à la méditation. Cependant, avec de bonnes intentions et une vision claire de nos objectifs, nous pouvons utiliser notre quotidien comme un cadre dans lequel insérer une vie spirituellement épanouissante.

Discerner notre motivation et la respecter est plus difficile à faire qu'à dire. Tandis que nous nous efforçons de prendre conscience de ce qui est important pour nous, nous nous laissons souvent distraire. Notre capacité d'attention est limitée ; il arrive que nous passions une journée entière sans réfléchir à ce que nous voulons garder au centre de notre mandala. Et pourtant, nous rappeler cette motivation et y revenir encore et encore est une méditation aussi valable que shamatha. Pendant la journée, au lieu de revenir à la respiration comme vous le faites quand vous méditez, revenez à ce que vous voulez faire de votre vie, que ce soit un casse dans un casino ou éveiller la conscience de votre entourage sur le réchauffement climatique. Aussi longtemps que vous vous accrocherez à votre motivation, vous serez dans le vrai.

Il y a quelques années, les notions de vol et de bodhisattva sont brutalement entrées en collision dans ma vie. Alors que je sortais du terminal Grand Central de New York, j'ai constaté que la ligne de taxis avait été déplacée à cause d'un immeuble en construction. Un homme s'est approché de moi et m'a offert de me conduire là où attendaient les taxis, précisant qu'il pourrait m'aider à en trouver un qui me conduirait à l'aéroport, moyennant, a-t-il ajouté, un certain montant.

J'ai trouvé ce montant excessif, mais j'étais pressé et je n'avais pas envie de marchander. Je lui ai donc donné l'argent. Il s'est approché d'un taxi, s'est penché à la vitre et a discuté avec le chauffeur. Il m'a semblé qu'il lui remettait la somme. Je suis monté dans la voiture. Aussitôt la portière refermée, l'homme a filé. Bien entendu, le chauffeur n'avait rien reçu. Je m'étais fait avoir sur toute la ligne. Je suis sorti du taxi pour courir après le voleur, mais il était déjà loin.

J'ai eu tout le loisir de penser à cet incident durant mon trajet en avion. J'ai commencé par déplorer l'arnaque dont j'avais été la victime. Je venais de terminer l'université et je n'étais pas riche. Comment cet homme avait-il pu me détrousser ainsi ? Ensuite, je me suis mis à penser aux motivations qui l'avaient poussé à voler. C'était peut-être un drogué qui avait besoin de quelques dollars pour sa prochaine dose. J'ai réfléchi longuement à cette possibilité. Mais je me trompais peut-être. Cet homme était sans doute sans emploi, avec une famille à nourrir.

Je savais que je ne connaîtrais jamais la raison de son geste. Tout ce que je pouvais espérer, c'est qu'il avait utilisé cet argent autant pour aider les autres que pour s'aider soi-même. Puis je me suis dit que, grâce à lui, j'avais eu la possibilité d'améliorer un tant soit peu l'existence d'un être qui n'était certainement pas aussi favorisé que moi, et j'ai compris que j'avais beaucoup de chance. En fait, cet homme m'avait aidé à revenir à ce qui devait rester ma motivation première : aider les autres. Depuis lors, j'ai souvent repensé à cet événement formateur. Et je me demande souvent si cet homme était un simple voleur ou un bodhisattva déguisé !

Lorsque vous commencez à discerner les aspects de votre vie que vous voulez cultiver et ceux dont vous désirez vous détacher, vous apprenez énormément sur vous-même. Vous découvrez alors ce vers quoi vous voulez vous tourner. Est-ce vers votre carrière ? Vers une existence motivée par l'altruisme ? Un altruisme qui s'insère dans votre carrière ? Pourquoi la compassion est-elle si importante à vos yeux ? Voulez-vous, au contraire, quitter votre emploi pour vous consacrer à l'éducation d'un ou de plusieurs enfants ? Entrer dans un monastère ? Passer plus de temps auprès de votre grand-mère ?

En devenant plus curieux de votre existence, vous découvririez quelle direction elle doit prendre. Vous pourrez faire de votre motivation première le cœur même de votre être. Ensuite, vous serez tel un phare. Toutes vos activités infuseront dans votre certitude fondamentale. Vous pourrez alors être fier de votre vie, car cette vie aura, sans aucun doute, eu des effets bénéfiques sur tous ceux qui vous entourent.

5

Soyez indulgent envers votre syndrome de l'Incroyable Hulk

Au cours d'une séance de méditation, il arrive que des brèches, des interruptions apparaissent au milieu du torrent de pensées qui nous assaille. Nous nous rendons alors compte que notre esprit est totalement ouvert, neutre, clair. Ce type d'expérience est rafraîchissant. Hélas, ces incursions dans cet état privilégié ne se produisent pas souvent quand on est novice en méditation. Par contre, ce qui s'entrechoque constamment en nous, ce sont les émotions fortes.

Ce qui est intéressant dans les émotions, c'est que, comme toutes les pensées, elles ne sont ni bonnes ni mauvaises pour notre pratique méditative. Elles ne sont, en fait, que des manifestations énergétiques de notre esprit. Ces pensées sont en effet portées par une énergie très forte. Lorsque nous nous installons pour méditer, nous pensons, par exemple, à notre fête d'anniversaire prochaine, ou nous faisons la liste de nos tâches de la semaine, ou nous savourons d'avance l'espresso que va nous préparer notre barman préféré, ou nous nous sentons tout simplement vaseux parce que nous sommes rentrés à deux heures du matin. Quelles que soient ces pensées, accueillez-les avec bienveillance, même si vous savez qu'elles ne sont là que pour vous distraire de l'essentiel. Ramenez ensuite toute votre attention à votre respiration.

Mais voici qu'une émotion plus forte vous submerge. Il vous est difficile de vous en éloigner, car elle vous paraît incroyablement réelle, comme si sa présence dans votre corps était physique. Si vous êtes en colère, cette pensée vous barbouille l'estomac et vos muscles se contractent. Au contraire, si vous ressentez de l'amour, tout votre être devient plus léger, plus aérien. L'exemple le plus révélateur d'une émotion forte est ce que l'on appelle « avoir le cœur brisé ». Cette expression résume très bien ce que nous ressentons : nous avons véritablement la sensation que notre cœur est en miettes. Dans tous les cas, il est difficile de réagir simplement, et plus difficile encore de se défaire de notre émotion en nous disant : « Pensées », comme je vous l'ai conseillé au début de ce livre chaque fois que, pendant la méditation, vos pensées défilent dans votre tête.

La première chose à faire est de se souvenir que les émotions ne sont pas nos ennemies. Ce sont des expériences fluides et ouvertes ; elles sont comme la poussière qui tourne dans le verre d'eau avant de se déposer au fond. Comme la fine poussière dans le verre, vos émotions ne seront actives en surface que si vous les agitez. Autrement dit, ce ne sont pas ces émotions qui vous posent problème, mais le fait que vous vous laissiez harponner par elles.

Certaines personnes pensent que le terme *illumination* a trait à un état automatique dans lequel on ne ressent pas d'émotion – pas plus que n'en ressent un robot. Les grands maîtres que j'ai eu la joie de rencontrer n'avaient aucun point commun avec les robots, je puis vous l'assurer, et ils ressentaient un grand nombre d'émotions, mais ils ne se laissaient pas piéger par elles au point où elles les emprisonnaient et les consumaient. Ils avaient appris à ne pas agiter la cuillère dans le verre d'eau.

Nous étudions rarement nos états émotionnels, et nous nous laissons attraper très facilement lorsqu'un sentiment fort comme la colère apparaît. Prenons l'Incroyable Hulk, par exemple. Dans la vie courante, Bruce Banner est un scientifique calme et bien élevé. Mais que survienne une contrariété, le gentleman se transforme en géant monstrueux et vert de rage. Supposons que Bruce se cogne le gros orteil sur une armoire de la cuisine. Patatras, finie la civilité ! Bruce devient énorme, ses vêtements se déchirent ; il les arrache, démolit systématiquement l'armoire sur laquelle il s'est cogné l'orteil, puis la cuisine, puis l'appartement tout entier.

Lorsqu'on est assailli par une émotion, il y a un degré qu'il ne faut pas dépasser sous peine de provoquer de gros dégâts. Si Bruce avait appris à faire une petite pause pour essayer de minimiser la douleur dans son gros orteil – au lieu de se laisser emporter dans un cycle infernal –, s'il avait pris le temps de réfléchir à ce qui lui était arrivé – un accident somme toute assez bénin –, sa jugeote lui aurait épargné de grosses dépenses, et pour commencer la garantie que l'on remet au propriétaire quand on loue un nouvel appartement.

Les kleshas

le mot tibétain qui pourrait qualifier le syndrome de l'Incroyable Hulk est *klesha*. Ce terme pourrait se traduire par « émotion affligeante », ou « perturbatrice ». Autrement dit, lorsqu'une émotion forte nous tient entre ses griffes, notre esprit est affligé et perd tout contrôle. En fait, il se met à tournicoter dans tous les sens. La tradition nous apprend que les kleshas se manifestent de cinq manières et que l'on entre alors dans leur champ émotionnel. Ces kleshas sont les suivantes :

La passion ou l'attachement
L'agressivité
L'ignorance ou les préjugés
L'orgueil
La jalousie

Nous avons tous ressenti, à l'un ou l'autre moment de notre vie, l'une ou plusieurs de ces cinq émotions, et nous savons à quel point elles peuvent nous infliger de terribles souffrances. Lorsque nous sommes incapables de penser à autre chose, de nous soustraire à leur étau, elles peuvent même nous paralyser.

Nous pouvons les ressentir séparément ou toutes ensemble. Supposez que vous receviez un message d'une personne avec laquelle vous aviez un premier rendez-vous. Elle se décommande, il lui est impossible de vous voir. Un tourbillon d'émotions s'empare de vous. Vous vous dites : « Moi qui aurais tellement aimé la connaître, elle me pose un lapin ! Je me sens largué, rejeté. Eh bien, qu'elle aille au diable ! Elle est stupide. Alors que j'ai tant de charme, que je suis si séduisant ! J'espère qu'elle ne rencontrera jamais personne d'autre. »

Analysons l'explosion de ce syndrome de l'Incroyable Hulk, ou klesha, si vous préférez. Remontons au moment où vous découvrez que vous êtes très attiré par la personne en question... Vous attendez votre rendez-vous avec impatience. Puis arrive le fameux message. Votre esprit s'emballe, mais au lieu de vous contrôler, au lieu d'empêcher la colère et l'amertume de s'emparer de vous, vous vous lancez dans le scénario le plus démoralisant qui soit : « C'est de ma faute. » Puis vous vous sentez rejeté, nié, et la colère l'emporte : « Qu'elle aille au diable ! » Ensuite, pour soulager votre frustration, votre colère, vous sautez à pieds joints dans une autre forme de klesha : le préjugé. « Elle est stupide. » Enfin, pour protéger votre vanité, vous faites un grand bond vers l'orgueil : « J'ai tellement plus de charme qu'elle ! » Vous vous répétez ces mots encore et encore, et pour couronner le tout, vous enveloppez toutes vos émotions de jalousie. Enfin, pour mettre le point final à ce cycle désolant, vous vous dites : « J'espère qu'elle ne rencontrera jamais personne d'autre. »

Arrivé à cette étape, vous êtes un géant vert et vous donnez des coups de pieds dans les arbres.

Si vous vous étiez maîtrisé avant de vous laisser entraîner dans cette spirale virulente, vous auriez été en mesure de réagir normalement, civilement, envers celle qui a décommandé votre rendez-vous – ce qui aurait eu l'avantage de préserver les rendez-vous potentiels et les interactions à venir avec cette personne. Quel est, à votre avis, l'apprentissage de base qui vous permettra d'éviter de vous laisser happer par des émotions affligeantes ? Surprise, surprise ! La méditation.

Lorsque vous êtes installé sur votre coussin de méditation et qu'une forte émotion se pointe, la première chose à faire est de vous souvenir de ce que vous faites à ce moment précis : vous apprenez à être présent à votre champ émotionnel et à ne pas vous laisser paralyser par vos émotions. Si vous pensez à votre patron qui, jour après jour, vous retient au bureau, revenez à la respiration. Puis voyez si la stratégie fonctionne. Si cette émotion réapparaît, est-elle plus forte ? Efforcez-vous de ne pas penser aux motifs de votre patron, ne ressentez que votre émotion.

Dans la mesure où vous vous laissez si souvent dominer par vos émotions, il vous devient de plus en plus difficile de revenir au présent immédiat. Prenez le temps – une minute suffira – d'utiliser la réflexion pour évaluer la situation. « Pourquoi suis-je furieux contre mon patron qui me retient au bureau, il n'est même pas là ! Ce n'est pas sur ce problème que je veux me concentrer en ce moment.» Revenez à la respiration.

Aucun résultat? Dans ce cas, faites une pause dans votre pratique et essayez de repérer l'emplacement physique de votre colère. Évitez cependant de vous attarder sur les douleurs de votre corps. Consacrez-y un certain temps, cinq minutes par exemple, puis revenez à shamatha.

Pendant ces cinq minutes, essayez de découvrir dans quel endroit de votre corps se cache votre colère. Dans vos muscles? Votre estomac? Votre ventre? Votre tête? Est-elle fluide, solide? A-t-elle une couleur? Une forme? Ce type d'analyse vous permettra de découvrir que votre émotion n'est pas aussi solide et bloquée que vous le pensiez.

Si aucune de ces stratégies ne fonctionne, dites-vous que ce n'est peut-être pas le moment de méditer. Au lieu de cela, détendez votre corps, vos muscles, votre esprit. Prenez une douche chaude, faites une promenade, préparez-vous un thé ou un café. Une fois que vous vous sentirez d'aplomb, retournez à votre coussin. Mon maître, Sakyong Mipham Rinpoché, me disait souvent: «Méditer au bon moment garantit une méditation honnête.» Mettre en pratique la méthode adéquate pour endiguer ses emportements émotionnels peut s'apparenter à la douceur du tigre.

Grâce à la méditation, vous pouvez travailler avec l'énergie de l'émotion en tant qu'expérience transformatrice. Évitez de bondir hors du coussin de méditation chaque fois que vous avez l'impression que la séance va devenir trop intense. Efforcez-vous plutôt d'agir sur vos émotions. Ne les rejetez pas immédiatement, ne les considérez pas comme des aspects négatifs de votre esprit. Le fait de vous détendre au milieu d'un champ émotionnel est la voie idéale entre ces deux extrêmes. Rester ancré dans l'énergie des émotions, c'est apprendre à les voir comme des reflets de l'esprit.

Si, malgré une méditation régulière et un travail sérieux sur vos émotions vous avez toujours l'impression de vous battre contre elles, et même d'en être les prisonniers, soyez patient. Dites-vous qu'un changement intérieur ne survient pas du jour au lendemain. En continuant à parcourir patiemment votre champ émotionnel, vous découvrirez comment on peut se laisser piéger par le syndrome de l'Incroyable Hulk, et cela vous apprendra à éviter ce traquenard à l'avenir.

6
C’est le moment d’agir

En pratiquant la méditation, nous n’essayons pas d’accéder à un quelconque idéal. C’est tout le contraire. Nous sommes tout simplement présent à nous-même et à ce que nous sommes.

PEMA CHÖDRÖN

La méditation est un processus d’autodécouverte. L’objectif du méditant ne doit pas être d’atteindre un état de perfection en ajoutant quoi que ce soit à ce qu’il est déjà. Nous possédons une bonté intrinsèque, mais comme nous sommes enfouis sous des couches et des couches de confusion et d’habitudes, il nous est difficile de nous en souvenir.

Ces couches de confusion se manifestent dans les nombreuses stratégies que nous utilisons pour nous couper de notre expérience présente et pour diviser le monde en deux parties : « Nous » et « Eux ». Lorsque nous nous trouvons pris dans une longue file d’attente à l’aéroport, par exemple, nous pensons : « Mais qui est responsable, ici ? Ils devraient pourtant savoir qu’il y aurait autant de monde aujourd’hui ! Comment se fait-il qu’ils soient si peu préparés ? » Le mot clé, dans ces récriminations, est « Ils ». Vous avez raison, « ils » sont en tort. Le « ils » sans visage a toujours tort.

Et pourtant, quand vous arrivez en tête de file et que vous vous trouvez devant l'employée stressée qui se démène pour que tout le monde puisse attraper son avion, votre cœur fond de reconnaissance. « Ils » a enfin un visage : celui de cette femme épuisée qui fait tout ce qu'elle peut pour être aimable et efficace. Lorsque nous laissons de côté notre mécontentement pour faire face au présent, nous nous apercevons que les autres souffrent autant que nous. Chacun essaie de ne pas manquer son vol, et l'employée participe à cette entreprise. Le seul moyen d'affronter ce type de contrariété est de rester présent à ceux qui sont eux aussi concernés, et de se montrer tel qu'on est : intrinsèquement bon. Autrement dit, vous avez beaucoup à offrir.

La précision du tigre joue un rôle dans ces circonstances. Comme pour ses autres qualités qui nous incitent à suivre son exemple, nous devons revenir à une idée clé : rester présent à tous les détails de notre vie. Préoccupons-nous de ce qui constitue notre quotidien : terminer notre travail pour être libre à l'heure du déjeuner ; réfléchir aux vêtements que nous devons acheter ; évaluer le nombre de kilomètres à faire pour que notre jogging soit bénéfique. De grâcc, si vous voulez changer, tournez votre esprit vers ce qui se passe ici et maintenant.

La méditation est une période de temps pendant laquelle nous nous concentrons sur notre respiration, et où nous utilisons cette respiration comme une ancre nous permettant de rester dans le moment présent. Sakyong Mipham Rinpoché plaisantait souvent sur le fait que si nous ne faisons pas preuve d'une certaine discipline pendant la méditation, nous ferions tout aussi bien d'aller nous asseoir à un arrêt d'autobus. Après tout, dans les deux cas, nous occupons un espace. Seul l'emplacement est différent.

Lorsque nous attendons l'autobus assis sur un banc, nous pouvons en effet utiliser cette occasion pour consacrer quelques minutes à une petite méditation shamatha. Notre environnement est sans doute plus bruyant que celui de la maison, mais nous disposons là d'un excellent moyen de prendre le temps nécessaire pour nous sentir bien ancré dans le présent, malgré la perspective d'une journée chargée.

Pratiquement, tout ce qui fait partie de notre train-train quotidien peut nous donner l'occasion de méditer. Il n'est pas nécessaire de faire une pause toutes les cinq minutes pour revenir à notre respiration. Il nous suffit simplement d'accomplir chacun de nos gestes en pleine conscience. Nous recoiffer, par exemple. Nous pouvons nous peigner avec soin et précision au lieu de le faire en pensant à autre chose. C'est pareil le matin quand nous nous habillons : nous pouvons le faire méticuleusement et y prendre plaisir au lieu de penser aux obligations et aux corvées qui nous attendent tout au long du jour. Et le soir, nous pouvons nous brosser soigneusement les dents sans ruminer tous les incidents qui ont jalonné la journée.

Épouser la précision du tigre peut susciter en nous de la fierté à l'égard des aspects les plus fondamentaux de notre existence. Il m'arrive, à l'occasion, d'apprécier un bon steak. J'adore aller au marché, choisir le morceau de viande, revenir à la maison, l'assaisonner, en surveiller la cuisson, le laisser reposer un moment dans l'assiette avant de le déguster. Bien que la préparation des repas soit coutumière à la plupart d'entre nous, je crois que je n'aurais pas le même plaisir à savourer mon steak si je m'étais contenté de le commander au restaurant. C'est le fait que je monopolise mon esprit, en pleine conscience, sur les gestes précis nécessaires à la préparation de mon repas qui me permet de l'apprécier immensément.

Lorsque la précision du tigre imprègne les activités de base de notre existence – comme nous habiller le matin ou préparer un repas – notre disposition d'esprit change du tout au tout. En accomplissant ces tâches quotidiennes et banales en pleine conscience, nous les transformons en moments extraordinaires. Le « plus » découle du simple fait que nous apprécions ces activités telles qu'elles sont. Quand nous estimons que chacune de nos tâches mérite une attention sans réserve, nous imprégnons chaque moment de notre journée d'une intention qui relève du sacré.

Être présent à la cuisson d'un bon repas est une méditation décontractée, mais cela ne l'empêche pas d'être valable. Comme dans notre pratique shamatha, nous utilisons cette activité pour empêcher notre esprit de se fixer sur des pensées inutiles. Nous prenons du temps hors du torrent habituel de pensées, nous prenons du temps hors de notre fixation sur notre moi.

Une grande partie de nos souffrances provient du fait que nous voyons notre vie avec des idées qui pourraient se résumer par « moi contre le monde ». Nous croyons que nous devons nous y frayer agressivement un chemin, convaincus que si nous n'imposons pas notre présence, les gens nous marcheront sur la tête. Nous gaspillons tellement de temps à penser à ce que nous devrions faire ! Tout cela parce que nous avons peur de nous tromper. C'est une vie passablement épuisante, non ?

Ce dont nous avons besoin, c'est de lâcher prise, de donner du lest à nos attentes et à nos idées fixes. Faire une pause et se contenter d'être présent à la beauté de la vie est rafraîchissant. Soyez présent lors de votre déplacement quotidien ; réjouissez-vous à la vue de deux enfants qui chantent ou dansent dans le métro… Laissez-vous ragaillardir par ces spectacles. Il n'est pas nécessaire de rechercher la troupe de danseurs la plus exotique pour ressentir cette plénitude : la beauté se trouve juste devant notre nez.

Tandis que nous nous entraînons à être précis et présent, des situations difficiles peuvent survenir. Notre vie n'est pas nécessairement faite de steak tendre et d'enfants qui dansent. Pour la plupart d'entre nous, la réaction habituelle devant les aspects pénibles de l'existence est de se refermer sur soi-même. Nous nous disons : « Non, tout cela n'est pas pour moi. Je vais me tourner vers des choses plus agréables jusqu'à ce que cette situation s'arrange d'elle-même.»

Nous avons tous nos stratégies pour échapper aux moments désagréables. L'un regarde la télé, l'autre prend un euphorisant, un troisième se ronge les ongles. Hélas, même quand nous sommes certains que notre plan d'évitement a brillamment réussi, notre souffrance est toujours là ! Elle attendait simplement le bon moment pour remonter à la surface.

La méditation existe pour que nous puissions affronter ces scénarios. C'est ce que fait Rocky quand il s'entraîne sur les marches du Musée des Beaux-Arts de Philadelphie, puis s'effondre, hors d'haleine, au sommet. On le regarde et on se dit: «Le pauvre, il n'est pas encore au bout de ses peines !» Mais quand il bondit dans le ring et atterrit devant Apollo Creed, nous comprenons pourquoi il s'est entraîné. C'est alors que le film devient mythique.

Votre vie n'est pas différente. Lorsque vous vous asseyez sur votre coussin de méditation et y restez pendant dix ou vingt minutes, vous vous entraînez aussi. Vous escaladez les marches de votre esprit. Si vous considérez votre pratiquc méditative comme ennuyeuse, de nouvelles douleurs se présenteront et mettront à mal votre exercice. Supposons qu'un coup de fil vous apprenne que votre père a fait une crise cardiaque et a été emmené aux urgences. C'est à ce moment que vous devez sauter dans le ring pour affronter votre inquiétude et votre souffrance. C'est le moment de faire face à cette souffrance comme un guerrier.

Ce qui est cocasse, c'est que le meilleur moyen de mettre votre souffrance K.-O. est de ne rien faire. Au lieu de vous révolter contre elle ou de lui tourner le dos, tout ce que vous avez à faire est d'être présent à ce que vous ressentez. Votre douleur aura beau asséner quelques directs bien placés dans votre plexus solaire, si vous arrivez à être présent à votre ressenti, vous vous dirigerez vers un processus intime de guérison. La douleur vous balaiera comme une vague, mais vous en ressortirez indemne, et même avec une sensation de bien-être.

Le guerrier qui incarne le tigre sait que, parfois, l'attitude la plus adéquate à adopter dans ce type de circonstance est de ne rien faire. Si votre père éclate en sanglots parce qu'il a peur de mourir, la réaction la plus empathique n'est pas de faire la liste mentale des ingrédients à ajouter ou à retrancher à son régime alimentaire, non, votre père a simplement besoin de donner libre cours à son inquiétude, et la meilleure chose à faire est de vous asseoir près de lui, de lui prendre la main et de l'écouter.

Écouter est un art en voie de disparition. Le tigre sait comment écouter. Il se couche, reste immobile, pointe les oreilles vers l'avant et écoute les bruits de la jungle aussi longtemps qu'il le faut. Comme il connaît très bien son environnement, il sait exactement quand et comment bondir. Vous pouvez vous aussi écouter plus attentivement ceux que vous aimez. C'est ainsi que vous découvrirez quel est le meilleur moment pour agir – ou ne pas agir. Vous saurez quel geste est le plus approprié.

Il pourrait vous arriver de fréquenter une personne qui est entrée dans le cycle de fin de vie. À ce moment, vous avez envie d'adoucir ses derniers jours avec un tas de petits discours destinés à la distraire de son sort – et à vous en distraire par la même occasion. Cette protection émotionnelle ne fait que rendre le processus plus difficile. Au lieu de cela, suivez l'exemple du tigre, contentez-vous d'être présent et de faire des gestes précis. Asseyez-vous près de cette personne, prenez-lui la main et parlez-lui. Offrez-vous tel que vous êtes, sans en rajouter. Vous ferez ainsi preuve de douceur et de compassion authentique.

Quand vous faites face à une situation, qu'elle soit banale, agréable ou pénible, vous pouvez, par le truchement de votre simple présence, en faire un moment sacré. Ne vous refermez pas sur vous-même, ne tournez pas le dos au monde. Entrez au contraire dans le camp d'entraînement du guerrier. Lorsque nous nous montrons précis dans nos gestes et dans nos actions et que nous pratiquons cet art qui consiste à ne pas tenter de réparer toute chose, nous entrons en contact avec notre bonté fondamentale.

Cette confiance en notre bonté fondamentale est comme une lumière dans une grotte obscure. Nous pouvons effacer la tache qui souille parfois un de nos comportements, mais, comme le dit le rappeur Lil Wayne : « Notre confiance est une tache que personne ne peut effacer. » Cette forme de confiance en nous et dans le caractère sacré de notre monde est la manifestation de notre propre perfection. Elle a toujours été là, mais nous lui permettons enfin de resplendir !

7
Soyez attentif aux détails

Nous avons discuté de la nécessité d'établir un contact avec notre esprit, que ce soit sur le coussin de méditation ou dans tout ce qui fait partie de notre quotidien. Maintenant, quelles sont les applications pratiques de cette discipline ? De quelle manière les qualités du tigre peuvent-elles avoir un impact sur notre 9 à 5 au bureau, notre maison, notre corps et nos voyages ?

Pour le découvrir, examinons en profondeur les moyens élémentaires auxquels nous pouvons avoir recours pour mettre cette discipline en pratique.

Le 9 à 5

Nous faisons presque tous l'expérience d'un niveau élevé de stress et de tension, que ce soit à l'école, au bureau ou à l'atelier. Il arrive que cette tension se développe jusqu'à un tel degré d'ébullition que nous perdons notre sang-froid et devenons agressifs. Pour faire face à cette agressivité, l'enseignement bouddhiste traditionnel conseille à ses adeptes de lui ménager le plus d'espace possible.

Imaginez un taureau furieux dans un enclos, lors d'un rodéo. Quelqu'un a provoqué l'animal, qui ne peut maîtriser sa rage. Que fait-il ? Il rue et botte, et celui qui essaie de le monter le constate à ses dépens. Par contre, si l'animal est transporté dans un champ où il est laissé à lui-même, il se calme après avoir couru jusqu'à épuisement.

Nous sommes semblables à ce taureau. Lorsqu'un collègue de bureau ou un camarade de classe se met en colère contre nous, deux possibilités s'offrent. La première est d'entrer dans sa colère et de voir combien de temps nous pouvons la chevaucher avant qu'elle ne nous jette à terre. La deuxième est de lui donner le plus d'espace possible afin d'exprimer sa rage jusqu'à ce qu'elle s'épuise d'elle-même.

Le guerrier qui incarne la douceur du tigre a pleinement foi en cette discipline. Cette foi découle de l'expérience. Vous pouvez l'essayer personnellement afin de voir si elle fonctionne pour vous. Lorsque quelqu'un perd son sang-froid et se met en colère contre vous, dites-lui mentalement ceci : « Oh là, fais très attention ! Si tu continues à me provoquer, je vais me montrer encore plus doux, plus gentil, plus bienveillant avec toi ! Tu n'auras plus qu'une idée : me voir disparaître ! » C'est l'opposé du syndrome de l'Incroyable Hulk : votre antagoniste peut se livrer sans frein à sa colère, votre douceur finit par l'emporter, et il se calme. Aussi longtemps que vous ne prenez pas vous aussi le mors aux dents, votre énergie, dans cette situation difficile, reste sans limite.

À la maison

nous considérons souvent notre foyer comme un abri, une forteresse dans laquelle nous pouvons nous abriter quand nous craignons de perdre notre sang-froid et notre bienveillance. C'est notre stratégie d'évitement. Cependant, la voie de la méditation nous enseigne qu'il n'y a pas d'évasion possible. Si nous désirons vraiment grandir en tant qu'être humain, nous devons utiliser l'espace dans lequel nous nous trouvons, y compris notre maison, comme un terrain d'entraînement.

Lorsque nous commençons à cheminer sur la voie de la méditation, il est salutaire de créer un environnement susceptible de nous conduire à l'éveil. Il existe un terme tibétain, *drala*, qui pourrait se traduire par « énergie plus forte que l'agressivité ». Cette énergie, inhérente à notre être et à notre entourage, est plus forte lorsque nous portons attention à ce qui se passe autour de nous. Elle est nôtre quand nous sommes attentifs à notre environnement plutôt qu'à notre agressivité et à nos bavardages intérieurs.

Prenez maintenant le temps de réfléchir à ce que vous ressentez le matin lorsque vous vous éveillez dans une chambre en désordre. Vous vous frayez péniblement un passage jusqu'à la salle de bain et, contournant une pile de vêtements, vous trébuchez sur votre ordinateur portable. Vous n'êtes levé que depuis quelques minutes et vous proférez déjà quelques jurons sonores !

À présent, visualisez une chambre impeccable. Dirigez-vous vers la salle de bain, regardez-vous dans le miroir propre et souriez. *Drala* est l'énergie qui se dégage lorsque vous prenez soin des détails de votre existence et que tout, autour de vous, est ordonné et lumineux.

Comme le tigre, vous pouvez faire des gestes précis dans votre environnement. Ce faisant, vous vous apercevez qu'il y a une certaine dignité dans le simple fait d'assumer vos responsabilités matérielles. Vous pouvez accomplir une foule de petits gestes pour sauvegarder votre environnement, des gestes qui confèrent de la majesté à l'endroit que vous occupez. Jetez un regard circulaire sur votre chambre. Y placer des tableaux et des œuvres d'art n'ajouterait-il pas de la vie à ce lieu ? Ne vous semble-t-il pas plus spacieux quand vos vêtements sont rangés et vos draps et couvertures sur le lit plutôt qu'à terre ?

Ce sont là de petits gestes, mais vous manquez souvent de la discipline indispensable pour les accomplir. Pourtant, le simple fait d'accorder de l'attention à votre lieu de vie et d'en faire un environnement sacré permettrait à votre pratique de la pleine conscience de s'épanouir davantage.

Notre corps

le tigre vit en parfaite synchronie avec son corps. Si vous avez eu la chance de voir de près un de ces animaux, vous avez sûrement remarqué à quel point il semblait bien dans sa peau. Le tigre sait combien il est important pour lui de se préoccuper de son bien-être physique.

Imaginez que vous vous réveillez après une nuit lamentable : vous avez très mal dormi et vous êtes déjà en retard pour vos activités quotidiennes. Conclusion : il ne vous reste pas de temps pour méditer. Vous vous extirpez péniblement du lit, vous vous habillez en hâte, puis vous vous précipitez au bureau, où vous essayez de rattraper le temps perdu. Autre conséquence de votre retard, vous sautez le repas de midi. Et lorsque vous rentrez à la maison le soir, vous vous écroulez, épuisé, sur un divan. Vous vouliez aller à la gym après le travail, c'est fichu. Le peu d'énergie qui vous restait s'est volatilisée. Vous vous traînez pendant tout le reste de la soirée, vous vous couchez tard, et le cycle recommence…

Cela vous paraît familier ? Lorsque vous manquez d'énergie physique et mentale, c'est parce que vous négligez votre corps. Bien que des publicités tapageuses s'obstinent à nous vanter certaines boissons soi-disant énergétiques, sachez qu'aucun liquide ne pourra vous aider à vous tirer indemne d'une journée épuisante. Vous ne pouvez le faire qu'en prenant soin personnellement de vous-même.

Un excellent moyen de lutter contre la fatigue d'une journée chargée, c'est d'y intégrer ce que l'on appelle les quatre allégresses. Veiller avec soin sur ces quatre aspects de votre vie vous procurera l'énergie nécessaire pour affronter les tâches qui vous attendent et les imprévus qui vous guettent. Ces quatre allégresses sont :

1. Manger
2. Dormir
3. Méditer
4. Faire de l'exercice

Alors que ces quatre actions devraient être évidentes, un grand nombre de personnes sautent des repas ou raccourcissent leurs heures de sommeil, convaincues qu'elles peuvent très bien vivre dans cette pénurie. C'est comme si elles étaient persuadées que leur corps pouvait s'accommoder d'un traitement aussi stupide. Elles se disent: « Demain, je réparerai tout cela. » Hélas, après des mois de négligence, elles s'aperçoivent que leur réserve de « demain » est épuisée. C'est aujourd'hui qu'elles devraient prendre soin de leur corps.

La meilleure tactique consiste à trouver le moyen de ralentir suffisamment son rythme de vie pour pouvoir faire la connaissance de ces quatre allégresses et, plus important encore, pour les apprécier. Si vos matinées sont très chargées, efforcez-vous d'appliquer d'abord votre discernement à vos courses. Si vous achetez des aliments qui ne doivent pas être cuits, comme des bananes et des céréales, par exemple, vous n'aurez aucune excuse si vous n'avalez pas une bouchée avant de partir au bureau. Même si vous vous contentez d'attraper une barre chocolatée pour la manger dans le métro, faites en sorte de la savourer sans vous laisser distraire.

Nous connaissons plus ou moins le nombre d'heures de sommeil dont nous avons besoin pour être en forme, et pourtant nous trichons, jusqu'à ce que nous soyons complètement démolis par la fatigue. Ensuite, nous traversons la journée dans une sorte de brouillard. Résultat, nous finissons par devenir des zombies. Cessez de vous comporter de façon aussi stupide, et puisque vous connaissez le nombre d'heures de sommeil qui vous sont nécessaires, respectez-les. En outre, faites en sorte de supprimer les activités qui vous empêchent de bénéficier de ce dont votre corps a absolument besoin pour accéder au bien-être.

Dans un monde idéal, nous roulons gaillardement hors du lit le matin et nous méditons pendant une heure avant de partir au bureau. Hélas, il n'en est pas souvent ainsi. Sachez pourtant que méditer ne fût-ce que dix minutes avant de vous précipiter au boulot, ou dix minutes quand vous rentrez le soir, vous permettrait de ralentir le rythme de vos journées et vous donnerait l'énergie indispensable pour affronter toutes les activités supplémentaires qui pourraient se présenter.

L'exercice physique est un excellent moyen de vous fatiguer naturellement. Nous passons souvent la journée assis. Si c'est votre cas, vous lever et faire une promenade sportive est un cadeau formidable à faire à votre corps. Vous vous libérez ainsi d'une certaine léthargie et vous ranimez votre énergie. Courir est encore plus salutaire. En courant, vous chassez de votre esprit un tas de pensées inutiles.

Si vous estimez que vous n'avez pas le temps de courir ou de fréquenter un centre de conditionnement physique, faites quelque chose de plus simple. Du yoga, par exemple. Levez-vous et prenez deux ou trois postures simples. Si le yoga ne vous convient pas, étirez-vous, ou faites quelques sauts avec écart. Consacrer cinq minutes à des mouvements physiques vous donnera plus de force et d'allant qu'une boisson énergisante.

Les quatre allégresses sont merveilleusement simples, et les inclure à vos journées vous donnera l'énergie nécessaire pour parcourir votre existence avec calme et confiance.

Vos voyages

que ceux qui s'égarent et se perdent
Rencontrent des voyageurs amis
Et, protégés des voleurs et des bêtes sauvages,
Qu'ils restent infatigables
Et que le voyage leur soit léger.
SHANTIDEVA

Voyager, pour bon nombre de personnes, est une expérience génératrice d'anxiété. Un de mes maîtres, Khenpo Tsultrim Gyamtso Rinpoché, raconte que lorsqu'il était très jeune, il a remarqué que beaucoup de gens détestaient le voyage même s'ils n'avaient pas à craindre de prendre l'avion. La simple perspective de voler angoisse beaucoup de gens. Entre la peur de voler et les mesures de sécurité draconiennes appliquées dans les aéroports et les gares, voyager est devenu un supplice.

La meilleure chose à faire, dans ce genre de situation, est d'utiliser la douceur du tigre. Chaque fois que vous êtes anxieux, soyez bienveillant envers vous-même et appliquez les techniques dont la liste figure au chapitre 5. Efforcez-vous également de rester présent et disponible à tous ceux que vous rencontrez : le passager assis à côté de vous, ou l'employé responsable des bagages dont le boulot ingrat est d'écouter et d'aider les personnes mécontentes qui ne retrouvent pas leurs valises à l'arrivée. Offrir un grain de votre bon sens à ces personnes est un merveilleux présent.

Il y a d'autres moyens d'appliquer les qualités du tigre sur votre chemin du guerrier. Demandez-vous ceci : « Quel est le type de vêtement porté par le guerrier qui incarne les qualités du tigre ? » Ou bien « Quel genre de musique est en synchronie avec la précision du tigre ? » Pour ma part, je répondrai les vêtements de couleur brune et la musique classique, mais il ne s'agit pas de moi. Des suggestions peuvent être faites à propos des applications pratiques de ces enseignements, mais c'est à vous de décider comment les utiliser dans votre propre vie.

Vous ferez certes des erreurs tout au long de la route. Cela voudra simplement dire que vous avez rejoint la grande lignée des méditants qui se sont succédé pendant plusieurs milliers d'années. Chaque maître du passé a appris de ses erreurs et a adopté les qualités du tigre pour éveiller davantage son cœur et son esprit. Le récit de leur transformation intérieure est inspirant, d'autant plus que la moitié du temps ils racontent de quelle manière ils se sont trompés.

Vous avez un long trajet à parcourir, et tandis que vous cheminez, vous devez assumer vos erreurs et renforcer votre discipline. Vous devez apprendre des maîtres du passé, sans jamais vous laisser distraire de votre but sous prétexte que vous êtes un idiot et qu'il vous reste beaucoup de chemin à faire. Vous êtes peut-être un idiot, mais vous êtes un idiot plus indulgent et plus conscient que vous ne l'étiez dans le passé. C'est un bon début.

Sur votre route, vous devez appliquer les qualités du tigre partout, que ce soit dans votre maison, le choix de vos vêtements, votre situation financière ou les tracasseries de votre quotidien. Comme l'a dit Sakyong Mipham Rinpoché : « L'environnement est soit un élément de soutien, soit un élément de dissuasion dans tout ce que nous entreprenons. Tout ce qui fait partie de cet environnement – nourriture, vêtements, lieux, heures de détente, gestes de compassion – agit sur notre vie. » Être attentif à tout ce qui appartient à cet environnement est crucial dans le parcours du guerrier. Quand nous marchons du bon pied, quand nous agissons, nous apportons énormément à ceux qui nous entourent.

Deuxième partie

Sauvez le monde

8
Une société axée sur l'ouverture du cœur

Vous pouvez aider le monde.
Vous, vous, et vous, tous autant que vous êtes.
Vous connaissez ses problèmes,
vous savez que la tâche sera difficile.
Foncez. Ne vous dégonflez pas.
Mais faites-le de la bonne manière.
S'il vous plaît, agissez !
CHÖGYAM TRUNGPA RINPOCHÉ

En 2003, Sakyong Mipham Rinpoché a convié des jeunes de la tradition bouddhiste shambhala à un week-end de retraite. Deux cents personnes sont arrivées, impatientes de recevoir ses conseils. J'étais présent moi aussi. Certains espéraient qu'il leur dirait quoi faire pour poursuivre leur carrière avec succès ; d'autres pensaient plutôt à leur relation amoureuse ; d'autres encore attendaient tout simplement du maître qu'il leur dise comment adopter le meilleur style de vie bouddhiste possible.

Après une attente qui nous a paru interminable, Sakyong s'est enfin installé sur son siège, a promené son regard sur nous et, au lieu de nous offrir un guide d'existence, nous a déclaré : « J'ai l'intention de créer une société éclairée. Et je compte sur vous pour m'aider. »

Les participants, comme vous pouvez l'imaginer, sont restés silencieux, médusés, manifestement écrasés par la perspective et les conséquences d'un engagement dans la voie proposée par le maître. Ce dernier s'est penché vers eux et, insistant, a demandé : « Le ferez-vous ? »

À quoi nous avons répondu en chœur : « Bien sûr ! »

Créer une société éclairée

cette notion de société éclairée n'a rien à voir avec une communauté magique dans laquelle chacun atteint le nirvana – ou, plus simplement, occupe un emploi idéal ou a une relation amoureuse sans nuage. En fait, l'objectif de la société éclairée est très simple : il repose sur l'ouverture du cœur. Durant la vie du Bouddha, le roi Dawa Sangpo s'est approché de l'Éveillé et lui a dit : « J'ai besoin d'aide pour gouverner mon royaume. J'aimerais que mon existence repose uniquement sur la spiritualité, mais je ne peux me permettre de revêtir la robe du moine et d'abandonner mes sujets. » Le Bouddha a demandé aux disciples qui l'entouraient de quitter la salle, puis a prononcé les paroles qui sont aujourd'hui connues comme les enseignements du Kalachakra à Dawa Sangpo. Après avoir reçu ces instructions dans toute leur amplitude, le roi savait comment gouverner d'une façon bienveillante – une gouvernance qui serait une inspiration pour son peuple. Ses sujets seraient encouragés à éloigner leur attention de leurs propres préoccupations et à penser au bien-être de la société dans son ensemble. Le royaume, qui allait porter le nom de Shambhala, est devenu une contrée dans laquelle chaque habitant menait une existence saine et éclairée par la compassion.

Avoir la chance de se trouver en présence d'un maître spirituel comme Sakyong Mipham Rinpoché et de l'entendre dire : « Je vais travailler à l'édification de cette société. Êtes-vous avec moi ? » peut être suffocant. En général, on se tourne vers la méditation parce qu'on est stressé ou que l'on veut prendre soin de soi avec sérieux. C'est très louable, mais arrivé à une certaine étape de notre voyage spirituel, nous ne pouvons plus ignorer les malheurs du monde. La compassion survient naturellement quand on reconnaît ces souffrances. C'est alors que l'on comprend que le cheminement ne concerne pas seulement notre propre existence, mais les changements que nous avons le devoir d'apporter à notre monde. En concentrant notre attention sur l'aide que nous pouvons apporter à nos frères humains, nous suivons les pas des citoyens de Shambhala.

Je ne crois pas que seuls les méditants soient déterminés à changer le monde. Même les politiciens aux idées courtes souhaitent faire de cette planète un endroit où il fait bon vivre. Le problème, c'est qu'ils veulent que ce monde corresponde à l'idée qu'ils s'en font. Quoi qu'il en soit, quand vous ralentissez votre rythme de vie et que vous vous demandez comment améliorer ce qui vous entoure, vous arrivez à la même conclusion que bien des maîtres bouddhistes du passé : ce changement ne dépend pas de la précipitation et de l'agressivité, mais de la sagesse et de la compassion.

Les moyens d'y arriver ne sont pas évidents, surtout en raison du fait que nos modèles sont peu nombreux et souvent loin de nous. Ce qui est inquiétant, c'est que les gens célèbres le deviennent souvent pour les mauvaises raisons. Autrement dit, ce n'est pas parce qu'ils sont talentueux dans leur domaine, mais parce qu'ils sont riches ou qu'ils acceptent que l'on filme leurs ébats sexuels. Grâce aux tabloïdes et aux sites web dédiés aux commérages, ces gens atteignent une célébrité quasi divine. Les héritiers et héritières célèbres sont adulés par les masses, qui envient leur style de vie tout en se réjouissant des humiliations que leur renommée malsaine leur inflige.

Pendant ce temps, le héros local qui défend sa patrie au-delà des mers est oublié aussitôt rentré chez lui. Les gens qui, chaque week-end, s'occupent des sans-abris de leur quartier sont ignorés. La mère célibataire ne trouve personne pour garder son enfant gratuitement le jour où elle a envie d'aller voir un film. Quant à ceux qui se démènent pour des causes humanitaires, ils reçoivent rarement plus qu'un merci du bout des lèvres, et aucun site web ne rapporte leurs activités charitables. On ne fait pas de grands titres avec : « Il achète un sandwich à un démuni reconnaissant. »

J'espère ardemment que ceux qui cheminent vers la spiritualité souhaitent vivre dans un monde dont les priorités sont différentes de celles prônées par la culture ambiante, et cela même s'ils sont attirés par cette culture de la célébrité. Si les statistiques sont exactes, beaucoup d'Américains aimeraient faire davantage de bénévolat dans leur communauté. Hélas, notre société occidentale se met souvent en travers de cette aspiration.

À travers le monde, les pays utilisent un indicateur particulier pour décrire leur succès : le Produit Intérieur Brut (PIB). Plus la nation produit, plus elle est prospère. En tant que citoyens, nous utilisons tout naturellement des indicateurs similaires pour évaluer notre propre statut. Si nous avons un emploi lucratif, une belle maison ou un appartement luxueux, une voiture puissante et une conjointe élégante, nous nous considérons comme prospères. Et pourtant, nous devons bien admettre que, malgré cela, nous sommes souvent malheureux.

En 1972, le roi du Bhoutan, Jigme Singye Wangchuck, a institué un indicateur différent pour la prospérité de son pays : le Bonheur Intérieur Brut (BIB). Les quatre piliers du BIB sont les suivants : la croissance et le développement économique responsables ; la conservation et la promotion de la culture bhoutanaise ; la sauvegarde de l'environnement ; et la bonne gouvernance responsable.

Ces indicateurs permettent de jauger le bonheur du peuple, mais ils insistent sur l'idée que pour être véritablement heureux, l'on doit prendre soin des autres membres de la société, ainsi que de l'environnement dans lequel on vit. En Amérique du Nord, nous sommes entourés d'individus convaincus que le « succès » et le « bonheur » ne peuvent être atteints que par l'acquisition d'un véhicule luxueux et d'un duplex. Ils essaient de s'accorder à ces indicateurs de bonheur en cherchant sans cesse de nouveaux gadgets qui « collent » à ce qu'ils croient être. Ils s'attachent à des facteurs extérieurs avec la conviction que ces derniers vont leur procurer un bonheur véritable et éternel.

Se préoccuper uniquement de soi devient rapidement fastidieux. En d'autres mots, si nous voulons vraiment apporter des changements positifs en ce monde, nous devons éloigner notre attention de notre petite personne et de ses caprices. Sakyong Mipham Rinpoché a écrit :

> *Nous nous demandons :*
> *« Ce mets me rendra-t-il plus heureux ?*
> *Ce film me rendra-t-il plus heureux ?*
> *Cette personne me rendra-t-elle plus heureux ?*
> *Ce nouveau pull me rendra-t-il plus heureux ? »*
> *Et la question : « Qu'est-ce que cela va m'apporter ? » devient la force de motivation de toutes nos actions.*

Si nous voulons créer une société axée sur le courage et la douceur, nous devons impérativement nous abstenir de penser uniquement à nous. Beaucoup de gens se disent, en se réveillant le matin : « Pourvu que ma journée soit bonne ! » Puis elles partent au bureau en se disant : « J'espère que j'aurai les félicitations que je mérite et que cet emploi finira par me rendre plus riche.» Puis ils rentrent chez eux en se plaignant d'être épuisés. «J'ai besoin de penser à moi. Pour oublier la journée que je viens de passer, j'ai besoin d'une bonne bière et de m'écraser devant la télé.» Cette habitude de ne penser qu'à nous, jour après jour, peut devenir épuisante. Vivre dans un cocon dans lequel on ne pense qu'à soi est épuisant.

Imaginez ce qui se passerait si, un jour, chacun de nous décidait de cesser de se considérer comme le centre de l'univers. Que se passerait-il si nous prenions la décision de nous consacrer au bien-être des autres ? Le fait de cesser de se préoccuper de soi-même en faveur des autres repose dans la distinction subtile qui existe entre l'hinayâna (petit véhicule) et le mahayana (grand véhicule). Le point de vue de l'hinayâna consiste à nous préoccuper uniquement de notre chemin vers l'éveil, alors que celui du mahayana consiste à amener d'autres êtres sur cette voie.

Plus vous devenez familier avec vos hauts et vos bas émotionnels, plus vous distinguez clairement ceux des autres. Auparavant, vous ressentiez une vive colère envers votre collègue Bernard, car vous considériez qu'il tirait avantage de votre travail, commérait sur votre compte, tout en ne fichant rien au bureau. Dans la mesure où vous avez appris, sur le coussin, à repérer vos émotions profondes et à les accepter, puis à revenir au moment présent, vous pouvez maintenant adopter, envers ces émotions, une approche faite de douceur et de sagesse. Vous êtes capable de vous distancier de votre colère chaque fois que vous êtes confronté à cette manie qu'a votre collègue de se mêler de vos affaires. Lorsque vous n'êtes plus la proie de votre agitation intérieure, vous comprenez celle de Bernard. Et comme vous ne lui lancez plus de regards assassins, vos yeux ont tout le loisir de se poser sur son bureau, où vous remarquez que la photo de sa femme a disparu. Vous n'êtes plus obsédé par le désir de trouver des répliques cinglantes à tout ce qu'il dit, car vous avez perçu la tristesse et le désespoir qui transparaissent dans ses propos.

Très vite, vous découvrez que Bernard traverse des bouleversements émotionnels : il se sent piégé au travail ; sa femme vient de demander le divorce ; il a des crises de panique. Comme vous avez vous aussi traversé des moments pénibles dans le passé, votre cœur s'ouvre devant les malheurs de cet homme, et vous éprouvez de la compassion envers lui. Votre collègue s'est peut-être conduit de façon malveillante envers vous, il s'est sans doute montré envieux, mais c'est parce qu'il est malheureux, parce qu'il souffre, *tout comme il vous est arrivé de souffrir.* Lorsque vous ne considérez plus Bernard comme une menace, mais comme un être humain qui souffre, votre cœur fond sous l'effet de la compassion.

Si, lorsque vous rencontrez des personnes difficiles, malheureuses, vous ne réagissez pas de cette manière, si votre cœur refuse de s'ouvrir, je vous conseille vivement de vous engager dans une pratique contemplative.

La contemplation permet de se rapprocher des gens difficiles

Adoptez une bonne posture et pratiquez la méditation shamatha pendant au moins cinq minutes.

Ensuite, rappelez-vous une époque où vous aviez tendance à vous conduire comme la personne difficile à qui vous avez affaire. C'est une époque où vous aviez l'impression d'avoir le cœur en lambeaux, où vous vous sentiez incomplet, et si frustré que vous n'arriviez même plus à dormir. Exhumez un souvenir particulièrement douloureux de cette époque ; soyez attentif aux sentiments viscéraux qui vous submergent.

Aussitôt que vous aurez exhumé ce souvenir douloureux sur lequel travailler, entamez une contemplation « biscuit chinois », ces friandises offertes dans les restaurants chinois. C'est simple : à la fin de chaque phrase ou devise se trouvant dans le biscuit, ajoutez « au lit ». Ce qui donne, par exemple : « Tu remporteras bientôt un grand succès… au lit. » Lors de cette contemplation « biscuit chinois », pensez aux sentiments que ressentent la plupart des gens devant des personnes difficiles, et ajoutez-y : « Comme moi. »

Reprenez le scénario avec lequel vous avez commencé votre contemplation. Après avoir exploré pendant un petit laps de temps certains des sentiments apparemment négatifs que vous partagez avec votre ami Bernard, vous vous surprendrez à formuler davantage de convictions générales à son propos, comme, par exemple : « Il essaie d'être heureux… comme moi. »

Si vous repérez les penchants que vous partagez avec Bernard, vous finirez, soyez-en sûr, par vous rendre compte que vous avez beaucoup plus d'éléments en commun que vous ne le pensiez. Vos points de vue sont peut-être divergents, vous utilisez sans doute d'autres tactiques au bureau, mais les motivations qui vous poussent l'un et l'autre à agir ne sont pas tellement différentes.

Développer votre compassion envers une autre personne n'a rien d'une stratégie paternaliste. Vous ne vous dites pas : « Je suis un être si éclairé, et toi tu souffres tellement que j'ai pitié de toi ! » Non, il s'agit ici d'une conviction : vous savez que vous n'êtes supérieur à personne. Nous sommes tous pareils, car ce à quoi nous aspirons tous est le bonheur et la joie.

La bodhicitta

comme nous l'avons appris dans les passages de ce livre consacrés au tigre, la joie véritable ne dépend pas de nouveaux gadgets, ni des débuts exaltants d'une nouvelle idylle amoureuse, mais du fait d'être présent à notre vie et à ce que nous sommes. Cette joie nous comble lorsque nous nous détournons de nos pensées égocentriques et que nous nous ouvrons au monde.

Dans la tradition bouddhiste, le cœur qui aspire à s'ouvrir ainsi et à aider les autres porte le nom de *bodhicitta*, un terme sanskrit que l'on pourrait traduire par « cœur éveillé ». En ralentissant votre rythme de vie et en étant présent au monde, vous vous ouvrez à la souffrance des autres. Les cordes de votre cœur vibrent alors devant les scènes les plus simples : un chiot qui attend qu'on l'adopte ; une fleur sur le point de s'ouvrir ; un enfant qui sourit. Jusqu'ici, vous accordiez peu d'attention à ces moments, mais vous êtes maintenant ouvert et disponible devant tout ce qui se présente. Vous ressentez cette richesse et cette tendresse qui ont toujours été en vous. C'est ce que l'on appelle la bodhicitta.

La bodhicitta est inhérente à votre être. Elle est, pour ainsi dire, votre « côté tendre ». Vous l'avez fréquentée à l'un ou à l'autre moment de votre vie ; elle est votre capacité d'aimer et de vous laisser aimer.

Cependant, ce n'est pas parce que nous la pratiquons et que nous avons l'impression que notre cœur s'ouvre à certains moments que nous pouvons nous reposer sur nos lauriers. Trop souvent, le cœur éveillé peut être voilé par la peur, ou se retrouver emprisonné dans un cocon de préjugés. Chaque fois que nous nous laissons aller à penser à nous avant de penser aux autres, ou que nous nous déconnectons du monde pour ne pas avoir à l'affronter, nous enveloppons notre cœur de couches protectrices. Nous créons ainsi un cocon de peur et d'égoïsme. La bodhicitta est un éveil du cœur que nous devons préserver avec soin grâce à notre pratique méditative.

Rester ouvert malgré l'agressivité

la bodhicitta est sans doute l'élément le plus important dans le canon bouddhiste. Lorsque nous n'ouvrons pas notre cœur aux autres, nous ne sommes plus que des méditants rigides qui ne recherchent qu'une satisfaction personnelle, celle du moi. Lors de cette retraite au cours de laquelle Sakyong nous a invités à créer avec lui une société éclairée, il nous a enseigné la bodhicitta et nous a expliqué qu'un cœur éveillé est l'instrument fondamental pour créer cette société éclairée et, par corollaire, un monde meilleur.

Un grand nombre de personnes tentent d'apporter des changements positifs dans la société en participant à des manifestations ou en signant des pétitions. D'autres s'efforcent de soutenir les organismes caritatifs auxquels elles croient, ou pratiquent un métier qui, selon elles, peut contribuer au bien-être de leurs frères humains. Cependant, le moyen le plus direct et le plus simple de procéder à des changements positifs dans le monde est de se connecter à notre cœur éclairé.

La société actuelle nous dit que si nous voulons réussir, nous devons adopter la philosophie du Produit Intérieur Brut. On nous a en effet appris que pour être heureux, il est préférable d'avoir beaucoup d'argent et d'être entouré de choses luxueuses. Nous savons pourtant que ces richesses seules ne nous apportent pas la joie, alors que de simples gestes de compassion nous la donnent. Nous ne connaissons cette joie que si nous ouvrons notre cœur.

Nous essayons trop souvent de protéger ce cœur vulnérable qui pourrait nous faire souffrir. Il est naturel de se refermer sur soi-même dans ce monde où règne l'agressivité. Pourtant, accepter d'être vulnérable n'est pas différent de vouloir être vivant. Si nous nous protégeons constamment, si nous nous ingénions à éviter les ennuis, les défis et le chaos, nous finirons par être les prisonniers de nos propres défenses. Lorsque rien ne peut plus percer ces défenses, nous sommes peut-être protégés, mais nous ne ressentons plus rien.

Suivre le chemin du guerrier, c'est percer le cocon de nos défenses et partager notre cœur avec le monde.

En 2003, Sakyong Mipham Rinpoché, s'adressant à deux cents jeunes méditants, a déclaré ceci: «Les gens croient souvent qu'ils doivent être éveillés pour vraiment changer le monde. Ils se disent: “Quand j'aurai beaucoup médité, beaucoup étudié, participé à un grand nombre de retraites, je serai en mesure d'aider mes semblables.” Eh bien, tout cela pourrait prendre pas mal de temps! Trop de temps. C'est ici et maintenant que nous devons procéder à ces changements.»

Vous ne méditez peut-être pas depuis des années, vous n'avez peut-être pas bénéficié de l'enseignement de diverses écoles philosophiques, mais cela ne veut pas dire que vous ne pouvez pas ouvrir votre cœur au monde et l'encourager à changer. N'attendez pas l'éveil pour agir. Offrez-vous tel que vous êtes, laissez agir votre cœur vulnérable, et le monde changera.

9
Manifestez les qualités du lion des neiges

Tandis que nous nous engageons dans la voie mahayana, examinons la deuxième des quatre dignités : le lion des neiges. Prenez d'abord le temps de visualiser les vastes plateaux des sommets montagneux où l'atmosphère est pure et où l'on respire à pleins poumons. Le plateau verdoyant est couvert de fleurs sauvages, de rochers, de pierres ; on y trouve quelques arbres. C'est le paisible territoire du lion des neiges.

Vous avez sûrement admiré les lions des neiges qui figurent sur le drapeau du Tibet, ou ceux dont la statue se dresse peut-être à l'entrée de la bibliothèque de votre quartier. Le lion des neiges est un animal légendaire renommé pour sa gaieté et sa vivacité ; il est blanc comme neige, à l'exception de sa crinière, sa queue et les boucles recouvrant ses pattes, qui sont bleues ou vertes. On dit qu'il bondit de montagne en montagne. Dans les ouvrages anciens, on explique que lorsque le lion des neiges bondit, sa crinière est « traversée par des vents chargés de l'odeur des herbes ».

Chaque fois que j'entends cette phrase, je ne peux m'empêcher de penser à la publicité du shampoing Herbal Essences. On y voit une jeune femme qui semble très triste parce que ses cheveux sont ternes et mous. Puis survient quelqu'un qui lui propose d'essayer ce shampoing. Quelques secondes plus tard, la jeune femme bondit comme un cabri. Elle est joyeuse, car elle vient de constater que sa chevelure a retrouvé sa beauté et sa brillance.

Quand on pense au lion des neiges, l'image de cette femme est bien sûr évocatrice. Mais nous savons qu'un simple shampoing ne peut nous apporter un bonheur durable. Bien que Herbal Essences soit un produit merveilleux, nous n'ignorons pas qu'il ne nous offre qu'une satisfaction passagère, un bonheur éphémère. Cette forme de joie est impermanente. Si nous voulons connaître la joie pure, suivons l'exemple du lion des neiges. Ce dernier irradie certes une gaieté qui ressemble à celle de la jeune femme de la publicité, mais sa gaieté n'est pas produite par la découverte d'un produit, aussi miraculeux soit-il, ni par l'acquisition d'une nouvelle maison ou la rencontre d'un nouvel amour. Elle se déploie parce qu'elle n'est pas alourdie par des émotions négatives.

Cependant, comme nous l'avons appris dans le chapitre consacré au tigre, être la proie de fortes émotions peut être épuisant. Imaginons, pour prendre un exemple concret, qu'un de vos parents ou un ami vous envoie un courriel dans lequel il vous reproche de ne pas lui rendre visite plus souvent. Première réaction : vous vous sentez coupable. Arrive ensuite la frustration. Vous essayez alors de soulager ce sentiment en avalant quelques bières (trop). Conclusion : vous finissez par vomir vos émotions dans la cuvette des toilettes. Puis vous envoyez une tirade au responsable de votre mécontentement, l'accusant d'avoir gâché votre soirée… et vous vous réveillez quelques heures plus tard avec une gueule de bois physique et émotionnelle, qui n'est rien d'autre que votre propre création.

Si vous voulez suivre l'exemple du lion des neiges, commencez par faire ce qu'il faut pour ne pas vous laisser harponner par vos sensations. Le lion des neiges ne se laisse jamais démolir par ses émotions. C'est la raison pour laquelle il reste jeune, dynamique et joyeux.

Ne doutez pas de votre bonté intrinsèque

dans le bouddhisme shambhala, l'émotion fondamentale qui alourdit le plus l'être humain est le doute. Vous recevez un coup de fil ou un courriel désagréable et vous êtes piqué au vif. Démoralisé. Jusque-là, vous vous considériez comme une personne très convenable, et voici que vous avez tout à coup la forte impression d'être dépouillé de votre bonté intrinsèque. Vous vous dites : « Si j'étais vraiment en contact avec ma sagesse innée, je ne me conduirais pas comme un imbécile avec ceux que j'aime. » Autrement dit, vous avez perdu la foi en votre capacité d'être doux et aimable, mais aussi en votre bonté intrinsèque, ce qui est beaucoup plus préoccupant car cela vous donne un sentiment d'échec. Vous vous étiez engagé dans une voie où vous pensiez avoir la possibilité de créer votre propre joie et de devenir une bonne personne, et voici qu'il vous paraît impossible, dans ce monde chaotique où tout va trop vite, de mettre en pratique vos principes d'altruisme et de pleine conscience. Vous en arrivez donc à la conclusion qu'il est préférable d'abandonner.

Des bouddhistes tibétains ont fait remarquer que la culture occidentale ne nous incite pas à avoir foi en notre sagesse et en notre bonté innées. Nous avons tendance à nous détester, et nous refusons de croire que nous méritons d'être aimés et respectés – ce qui est pourtant une des aspirations les plus élémentaires de l'être humain.

C'est là que la voie du lion des neiges est importante. Elle peut vous sauver avant que vous ne tombiez dans le piège du doute. Le lion des neiges a confiance en lui. Quant à vous, vous devez vous rappeler sans cesse qu'il est essentiel d'avoir cette certitude : vous méritez d'être aimé et vous êtes incontestablement une bonne personne, car vous possédez la nature du Bouddha.

En outre, lorsqu'un obstacle survient, vous pouvez vous dire, au lieu de vous laisser alourdir et décourager, que le scénario que vous avez créé ne colle pas nécessairement à la réalité. Un grand nombre de scénarios ne sont pas enracinés dans le bon sens ni dans notre sagesse fondamentale, mais dans la confusion.

Les outils du lion des neiges

le lion des neiges a recours à quelques outils pour échapper au piège du doute et pour préserver la vitalité qui lui permet de bondir de montagne en montagne. Voyons d'abord en quoi consistent ces outils. Nous explorerons les possibilités qu'ils offrent dans les trois chapitres suivants.

L'altruisme

Lorsque nous ouvrons notre cœur, nous surmontons toute tentation de ne penser qu'à nous. Nous avons recours à de simples actions, comme sourire ou écouter attentivement ceux dont nous apprécions la compagnie (et même les autres), ou méditer sur un sujet qui pourrait s'intituler : « Ne pas dire non. »

L'idée générale est simple : bien que nous soyons constamment bombardés par des invitations à cesser de ne penser qu'à nous, nous les repoussons. Essayez, pendant une journée, de ne pas répondre par un « non » immédiat aux requêtes qui vous sont faites. Ce sont des moments qui peuvent être tout simples : quelqu'un laisse tomber son crayon et vous interrompez votre travail pour le ramasser ; vous maintenez ouverte la porte de l'ascenseur pour un collègue, même si vous êtes affreusement pressé ; vous offrez un dollar à chaque sans-abri que vous rencontrez.

Bien sûr, si quelqu'un vous aborde pour vous dire : « Et si nous faisions l'amour, là, tout de suite, dans la réserve, ni vu ni connu », soyez suffisamment responsable pour lui opposer un refus catégorique. Dans l'exercice « Ne pas dire non », il vous suffit d'aller un peu plus loin dans l'altruisme et l'ouverture d'esprit. Cet exercice est basé sur une attitude bienveillante envers soi-même (le cœur de la discipline hinayâna), qui permet également de l'être envers les autres.

À la fin d'une journée de pratique, faites une pause réflexion. Demandez-vous comment vous vous sentez. Vous constaterez que dépasser votre limite de confort habituelle pour vous montrer charitable envers votre propre cœur est libérateur.

La discipline de la vertu

Il y a des moments où la vie est aussi acide qu'un citron. Il serait simpliste de se dire que l'on va collectionner tous les citrons de samsara afin de faire une limonade sucrée ! Après tout, vous progressez dans la voie spirituelle, n'est-ce pas ? Il y a cependant des moments où vous devez faire face à des situations négatives que vous êtes incapable d'évacuer en leur permettant tout simplement d'être. Malgré cela, vous faites parfois preuve de courage devant des situations difficiles, et vous allez au-delà de vos possibilités habituelles pour mettre en pratique la vertu de discipline.

Il ne s'agit pas de tirer des conclusions morales et de dire à quelqu'un : « Je suis bon, toi tu es mauvais, et je montrerai toujours tes erreurs du doigt. » Ce comportement est une manifestation arrogante de votre ego. La vertu, elle, est faite de discipline, et vous devez vous montrer précis dans votre façon d'agir dans une situation donnée.

Lorsque vous avez recours au discernement du tigre, vous savez comment vous comporter, et ce que vous devez éviter de faire. Suivre la voie du lion des neiges, c'est faire preuve de discernement avant d'agir. Comme vous savez que votre conduite peut affecter votre entourage, vous vous efforcez de faire preuve d'altruisme et de compassion, et vous adoptez une attitude saine, lucide, et généreuse.

Les six paramitas

Le lion des neiges transporte six autres outils dans sa ceinture métaphorique : la générosité, la discipline, la patience, l'exercice allègre, la méditation, et la *prajna* (connaissance supérieure). Les écrits bouddhistes s'y réfèrent généralement comme aux six paramitas, ou perfections. Nous ne devons pas être parfait pour utiliser l'un ou l'autre de ces outils, mais ils nous seront utiles si nous voulons adopter une conduite parfaite dans un monde imparfait.

Si vous voulez aider les autres et être au service du monde, examinez attentivement chacune de ces qualités afin de voir lesquelles seraient adéquates et efficaces dans des situations données. Certaines sont évidentes, comme s'efforcer d'être patient lorsque, par exemple, notre partenaire nous fait attendre alors que nous sommes déjà en retard pour le théâtre. D'autres situations exigent davantage de réflexion, comme s'acquitter d'une tâche compliquée au bureau sans importuner personne. Mais les six paramitas peuvent être utiles dans tout ce que nous entreprenons. Les outils du lion des neiges sont indispensables à toute entreprise.

Pour ressentir de la joie, nous devons préserver notre dignité. Fréquenter des gens qui doutent d'eux-mêmes est pénible. Les gens qui se déprécient constamment et se mettent en colère pour des vétilles drainent leur énergie aussi bien que celle de leur entourage.

Ne soyez pas comme eux. Du reste, vous ne l'êtes pas. Vous êtes fondamentalement bon. Dans ce périple au cours duquel vous vous efforcez de ressembler au lion des neiges, il importe que vous reveniez sans cesse à ce point essentiel qui est votre bonté innée, et que vous développiez votre foi en elle.

Revenir à la réalité de votre situation et à celle du monde vous rappelle que tout ce dont vous faites l'expérience fait partie de votre voyage spirituel. Ne vous laissez pas paralyser par votre moi. Muselez votre ego. Lorsque vous mettez en pratique votre discipline et que vous évitez le piège du doute, le monde vous ouvre les bras et accueille votre cœur éveillé. Si vous lui offrez votre compassion, la discipline de la vertu et votre ceinture de paramitas, vous ferez de ce monde un lieu où il fera bon vivre.

Si vous ne le faites pas, qui le fera ?

10
Sexe, amour et compassion

Être présent, même si cela fait mal,
est préférable à la fuite.
Pema Chödrön

Un des meilleurs moyens de découvrir ce qu'apporte l'altruisme est de faire en sorte qu'il fasse partie intégrante de nos relations romantiques et sexuelles.

Nous pouvons tirer parti des leçons apprises grâce à ces relations et les appliquer à toutes nos interactions. Il nous est arrivé à tous d'être blessés. Nous avons tous ressenti notre fragilité, notre bodhicitta lorsque, après avoir ouvert notre cœur à un autre être, nous avons été rejetés. Lorsque vous souffrez, il est naturel que vous tentiez de protéger votre cœur blessé. Autrement dit, vous vous refermez sur vous-même et vous fuyez votre vulnérabilité dans l'espoir de ne plus souffrir.

La souffrance finit heureusement par s'estomper, et vous êtes prêt à ouvrir de nouveau votre cœur. L'on ressent de la joie quand on rencontre un amour potentiel et que l'on fait tout pour que notre premier rendez-vous soit un succès.

Le désir d'être amoureux est naturel à tout être humain. Nous voulons tous connaître l'amour. Pourtant, les « hauts » de l'amour nous étourdissent, et ses « bas » sont parfois si traumatisants que nous n'avons plus qu'une idée : chasser tout souvenir de notre mémoire. Il est difficile de trouver la satisfaction et la sérénité lorsqu'on se trouve sur ces montagnes russes d'émotions.

Croire que nous devons classer notre vie romantique dans une catégorie de notre existence et de notre développement spirituel et que nous pouvons la confier à une autre personne est un leurre. Ce n'est que par l'entremise des principes bouddhistes fondamentaux que nos relations peuvent s'insérer dans notre cheminement. Lorsque l'attention et la considération de chacun est présente, tomber amoureux n'a rien à voir avec les montagnes russes. Il nous suffit simplement de modérer nos attentes.

Tomber (et rester) amoureux… et au-delà

quand vous offrez votre amour à une autre personne, cette démarche est, au commencement, exploratoire. Vous voulez en savoir plus sur son passé, sa famille, ses habitudes – fussent-elles bizarres. Sur son conseil, vous êtes prêt à essayer une nouvelle cuisine, à visiter des lieux que vous ne connaissez pas, et vous trouvez cela passionnant. Bref, vous apprenez une foule de choses concernant votre nouvel amour. La saveur préférée d'Élise, en matière de crème glacée, est le chocolat ; elle porte des vêtements d'inspiration médiévale ; et son spectacle favori est *Le fantôme de l'opéra*. Elle aime les gens qui s'habillent comme elle et ne boit jamais de boissons gazeuses. Ces aspects vous séduisent pendant un certain temps, mais ils finissent par perdre la saveur de la nouveauté et ne vous excitent plus autant. Dans la mesure où vous connaissez maintenant une foule de choses sur votre partenaire, votre curiosité s'atténue progressivement, et il est à craindre qu'elle finisse par disparaître.

D'autre part, nous prenons souvent notre partenaire pour acquis alors que nous devrions le voir comme l'objet principal de notre compassion. Le terme tibétain pour « compassion » est *nyingje*, que l'on pourrait traduire par « cœur noble ». C'est l'attitude essentielle à adopter lorsque nous voulons imprégner de compassion nos relations intimes. Il s'agit en effet d'offrir notre « cœur noble » à tous ceux qui nous sont proches.

La curiosité est une forme d'altruisme. Je crois que beaucoup de couples de longue date ressentent toujours de la curiosité l'un envers l'autre, mais je crois aussi qu'ils évitent de se demander si l'autre a changé. En tant que méditant, nous savons que toutes choses sont impermanentes. Nous n'ignorons pas que tout « change » et que chaque situation est transitoire. Notre corps et nos connaissances se développent et se transforment, et cela nous paraît naturel. Malgré cela, penser que notre partenaire change autant que nous nous déconcerte. C'est pourtant la réalité, et bien que nous soyons convaincus que la personne en qui nous avons confiance et avec laquelle nous mangeons chaque soir est solide, elle n'est en fait qu'un conglomérat d'expériences et de sagesse qui bougent constamment, comme les saisons, pourrait-on dire. Tenter de « solidifier » cette personne est un non-sens, mais nous tombons cependant dans ce piège à un moment ou à un autre.

Au cours d'une relation, certaines attentes s'installent. Vous ne rédigez pas un contrat, vous ne décidez pas qui va faire quoi, mais vous commencez néanmoins à croire dur comme fer que votre partenaire vous doit certaines choses. Ces choses peuvent aller du simple fait de vous aimer à celui d'être plus ouvert et honnête avec vous. C'est alors que vous prenez l'habitude d'utiliser un mot dangereux : « Toujours ».

- Tu rentres *toujours* le premier ! Pourquoi ne m'as-tu pas appelée pour me dire que tu serais en retard ?
- Tu me laisses *toujours* le linge à plier. Pourquoi ne le fais-tu pas de temps à autre ?
- Tu me donnes *toujours* la même réponse quand je propose que nous nous lancions dans une nouvelle activité.

Lorsque les attentes, dans une relation, frisent l'idée fixe, elles ont le même pouvoir destructeur que les émotions obsessionnelles ; elles nous découragent, nous emplissent d'anxiété. Nous fermons alors notre cœur et nous nous plaçons en mode « défense », au lieu de rester disponible et de nous mettre à l'écoute de l'autre. Nous nous éloignons de l'ouverture inconditionnelle du cœur qui nous pousse à aider ceux que nous aimons, même si c'est à nos dépens. Nous nous éloignons de la bodhicitta, nous nous fermons à notre capacité d'agir avec altruisme. Lorsque vous vous surprenez à vous écarter de la compassion, dites-vous que votre relation est devenue problématique.

Lorsque vous vous apercevez que vous vous fermez à une communication franche et directe, vous avez deux choix quant à la façon de procéder. Le premier est d'entourer votre pauvre cœur de bandages protecteurs, ce qui met un frein à la capacité de l'autre de vous blesser et vous enlève toute possibilité de parler librement. Dites-vous bien que vous vous préparez, dans ce cas, à la rupture.

Le second choix consiste à réduire vos attentes et à vous reconnecter avec la curiosité qui caractérisait les débuts de votre relation. Vous vous ingéniez alors à étudier les raisons pour lesquelles vous êtes bloqué et vous vous ouvrez à nouveau à l'autre. Vous vous réengagez dans une saine curiosité envers votre partenaire et vous approfondissez ainsi votre relation amoureuse.

La même curiosité découlant de l'ouverture du cœur peut s'appliquer chaque fois que l'on souhaite entamer une relation amoureuse. J'ai entendu si souvent des célibataires déclarer qu'ils se réservaient pour « la bonne personne » ! Ils sont convaincus que s'ils allaient dans les « bons cafés » ou dans les « bonnes soirées » pour célibataires, et que s'ils consultaient le « bon site web », ils verraient que la bonne personne les y attend ! Comme l'a dit le maître bouddhiste Dzongsar Khyentse Rinpoché un jour où il parlait des relations sentimentales : « Le problème, ce n'est pas que la bonne situation n'existe pas. Ce n'est pas de cela qu'il s'agit. Le problème, c'est que nous avons des attentes, des espoirs et des peurs, et que celles-ci nous mènent immanquablement à la déception.»

Quand nous nous obstinons dans notre espoir de rencontrer une personne possédant les qualités que nous jugeons indispensables, nous allons droit dans le mur. Cessons de faire la liste de ce que nous attendons d'un être en termes d'aspect physique, d'intelligence, de sens de l'humour et de religion. Cessons de nous dire que la personne qui possède les qualités que nous considérons comme indispensables sera le ou la partenaire idéal(e).

Lorsque vous vous accrochez à votre liste de qualités, vous vous dirigez vers un échec certain. Au lieu de cela, gardez l'esprit ouvert et cessez d'examiner ceux ou celles que vous rencontrez à travers le philtre de vos intentions secrètes. Si vous vous obstinez dans cette voie, je vais vous dire ce qui va arriver: un jour, vous rencontrerez une personne qui ne semble pas posséder ce dont vous estimez avoir besoin, et *vous ne verrez pas que cette personne est parfaite*. Autrement dit, gardez l'esprit et le cœur ouverts et vous dénicherez le véritable bonheur là où vous ne pensiez pas le trouver.

Relations sexuelles et altruisme

un élément complexe de l'ouverture du cœur tourne autour de la sexualité. Nous avons tous notre propre expérience de la sexualité. Elle peut nous permettre d'exprimer amour et affection, ou de nous distraire, tout simplement. L'activité sexuelle peut apaiser les émotions qui nous assaillent lors d'un différend avec notre partenaire ; elle peut aussi nous permettre de nous livrer à la paresse et de rester au lit. Elle peut être merveilleuse, ou humiliante, et si l'on me demande mon avis, je dirai que c'est une activité qui doit être axée sur l'altruisme.

En termes de bouddhisme et de sexualité, nous savons maintenant que le Bouddha historique, Siddharta Gautama, avait des relations sexuelles lorsqu'il vivait dans son palais où il disposait, dit-on, d'un harem important. Certains textes révèlent que les femmes de ce harem n'étaient que des danseuses, alors que d'autres affirment qu'elles étaient des courtisanes désireuses de plaire au prince en lui offrant des plaisirs charnels. Quoi qu'il en soit, nous savons que notre ami Siddharta faisait l'amour avec son épouse Yasodhara, car elle a donné naissance à un fils. Si je ne me trompe, c'est en faisant l'amour qu'on fait des enfants.

Revenons au moment où Siddharta devient Bouddha. Une foule de personnes viennent à lui car elles désirent, elles aussi, s'engager dans la voie de la spiritualité. Bouddha comprend alors que ses disciples, des moines, vont devoir se soumettre à certaines règles, dont les Cinq Préceptes.

Les Cinq Préceptes du moine sont les suivants : ne pas détruire la vie des êtres sensibles ; ne pas prendre ce qui ne lui appartient pas ou ce qui ne lui est pas donné ; ne pas avoir de relations sexuelles illégitimes ou impudiques ; ne pas dire des paroles fausses ou inexactes (médisance, commérages, mensonges, paroles futiles) ; ne pas consommer d'alcool et de drogue. Concentrons-nous sur le troisième précepte : *Kamesu micchacara veramani sikkhapadam samadiyami*, ou « Je fais le vœu de ne pas avoir de relations sexuelles illégitimes. »

Au cours du temps et dans plusieurs cultures, ces préceptes ont été interprétés de diverses manières. En Occident, on trouve des communautés bouddhistes dont les moines ont fait le serment d'obéir à ces règles. Par contre, leurs pratiquants laïcs ne sont pas tenus de les respecter. Certaines communautés encouragent leurs laïcs à le faire sur une base régulière, alors que d'autres leur conseillent de s'y conformer uniquement durant les retraites prolongées.

Je pense que toute réflexion sur ces préceptes peut être utile aux pratiquants, à condition bien sûr qu'ils la prennent véritablement à cœur. Cependant, je ne peux pas imaginer que le Bouddha ait conçu ces préceptes pour que, des milliers d'années plus tard, ses disciples soient obligés de se battre pour s'y conformer de la « bonne » manière. La carrière professorale du Bouddha et ses enseignements sont plutôt une indication de la manière avec laquelle nous pouvons essayer de comprendre ce qu'est, pour chacun de nous, une « mauvaise conduite » sexuelle.

Comme je l'ai mentionné plus tôt, le Bouddha, après son illumination, s'est mis à la recherche de la poignée d'ascètes avec lesquels il avait déjà médité. Mais ces derniers lui ont exprimé leur désaccord car, la dernière fois qu'ils avaient été en contact avec lui, ils avaient découvert qu'il avait abandonné la voie d'un ascétisme strict – ce qui, selon eux, indiquait qu'il faisait fausse route sur le chemin de la spiritualité.

Ces ascètes ont néanmoins remarqué un changement dans son attitude. Il irradiait la joie, ce qui était particulièrement fascinant. Ils se sont donc rapprochés de lui à nouveau et lui ont demandé de quelle manière il avait acquis une telle maîtrise de son propre esprit. Au lieu de leur donner des préceptes à suivre ou de leur conseiller de renforcer leur discipline, le Bouddha leur a lancé cette invitation : « Venez et voyez par vous-mêmes. »

Si nous sommes sensibles à cette invitation, je crois qu'il est important de déterminer ce qu'est, sur le plan individuel, une conduite sexuelle altruiste. En fait, je dirais que nous devrions faire basculer l'idée négative que nous nous faisons de la discipline vers une force positive et salutaire pour notre santé. Au lieu d'envisager de nous abstenir de toute « méconduite sexuelle », nous devons plutôt nous employer à trouver les moyens de promouvoir des relations sexuelles positives.

Ouvrir une voie à l'activité sexuelle altruiste n'est pas évidente. Il est difficile de s'y retrouver dans l'infinité d'ouvrages qui regorgent de nouvelles idées sur la sexualité. En outre, la télévision, Internet et les étalages de magasin nous bombardent d'images et de représentations négatives sur le sujet.

Il est pourtant important de trouver notre propre style dans l'introduction de l'altruisme dans notre chambre à coucher. Peut-être devrions-nous apprendre à communiquer avec une plus grande franchise avec notre partenaire afin de lui décrire clairement ce qui nous procure du bien-être. Cette approche créerait sans aucun doute un espace dans lequel nous serions plus détendus et pleinement présent à l'autre. En tout état de cause, il nous appartient de déterminer ce que signifie, pour nous, la sexualité altruiste.

Relations sexuelles d'une nuit : position, manière d'agir, conséquences

on me pose souvent la question suivante : peut-on rester un « bon » bouddhiste quand on a des rapports sexuels occasionnels ? Personnellement, je crois que oui, à condition bien sûr, d'examiner avec sérieux notre position sur le sujet, ainsi que notre manière d'agir et ses conséquences.

Position

Ce qui importe dans tout rapport sexuel, qu'il soit occasionnel ou à long terme, c'est la motivation. Souhaitez-vous avoir des relations sexuelles passagères parce que vous êtes trop occupé pour une vraie relation – mais tout en étant prêt à apprécier votre partenaire occasionnel(le) et en nouant un certain lien avec lui (elle) ? Si c'est le cas, cette motivation est acceptable. Une autre motivation pourrait être : « J'ai trop bu. Je suis excité. Nous en avons tous les deux envie. » Selon moi, cette motivation-là ne peut déboucher que sur des problèmes.

Il est essentiel de connaître votre motivation avant de vous engager dans une activité sexuelle, et c'est doublement important lorsque vous risquez d'entraîner une autre personne dans une conduite potentiellement hasardeuse. Les risques sont émotionnels aussi bien que physiques. En conséquence, il faut que sachiez dans quoi vous vous embarquez.

Manière d'agir

Notre façon de nous conduire est la clé. Selon moi, il y a deux moyens d'accéder à l'illumination. Le premier est de s'asseoir et de méditer non-stop jusqu'à ce que l'on ait atteint l'éveil, l'autre est de concentrer notre méditation sur notre conduite, et d'appliquer ensuite, dans chaque aspect de notre vie, les principes élaborés sur le coussin.

Lorsqu'il est question de sexualité, une bonne conduite exige que l'on se montre très franc avec son partenaire. Tout d'abord en lui faisant part de notre désir, puis en nous assurant que notre rapport sexuel sera sans risque. Être franc, ouvert, authentique et attentionné peut paraître simple, mais c'est d'une importance capitale lorsqu'on a l'intention d'inviter quelqu'un dans notre chambre à coucher.

Conséquences

Cette préoccupation est l'indicateur le plus juste de l'honnêteté dont vous faites preuve lors d'une relation sexuelle occasionnelle. Plus simplement, voyez quel est votre état d'esprit le lendemain. En utilisant votre curiosité pour examiner votre état d'esprit, vous découvrirez en vous, soit de l'allégresse, soit une forme d'humiliation. Si c'est de l'humiliation, ne réitérez pas l'aventure. Ce sentiment est affreusement désagréable, mais dites-vous que les erreurs sont formatrices. Vous savez maintenant que vous ne désirez plus vous engager dans ce type de comportement, ni dans leurs préliminaires. Par contre, si vous ressentez de l'allégresse, vous faites partie de ces rares individus qui peuvent avoir des relations sexuelles éphémères.

En matière de sexualité, il semble que plus on est perdant dans une structure relationnelle, plus on se blesse et plus on blesse l'autre. Cette blessure peut en grande partie être évitée grâce à un dialogue franc et direct. Il est essentiel, dans toute relation et quelle que soit sa durée, de rester ouvert et curieux envers l'autre, et de savoir que l'on évolue avec le temps. Cette curiosité permet de refréner l'envie de développer des attentes qui acculeraient l'un ou l'autre de telle sorte qu'il ou elle ne serait plus en mesure de répondre aux besoins de son partenaire.

Que ce soit en amour ou lors de simples rapports sexuels, nous possédons un outil qui peut rehausser la situation et nous apporter une joie imparable : la bodhicitta. Dans la mesure où la bodhicitta est inhérente à tous les êtres, nous découvrirons de quelle manière ouvrir notre cœur afin de nous relier à celui des personnes que nous aimons, et à celui de nos partenaires amoureux. Ouvrir notre cœur de façon inconditionnelle est la marche à suivre. C'est le moyen le plus altruiste de vivre dans ce monde. Il arrive que nous soyons blessés, mais si nous voulons grandir et trouver le véritable amour, ou apprendre à aimer nos semblables, la bodhicitta est la voie idéale.

11

Restez discipliné, même si la vie est difficile

J'ai fait mes études dans un collège militaire. En fait, c'était une école comme les autres, mis à part le fait que notre mascotte était un élève officier et que nous participions à des manœuvres avec de vieux fusils et revêtus d'uniformes de la Guerre civile. Ces défilés avaient lieu une fois par semaine et lors de parades militaires.

Quand j'évoque cette adolescence, mes interlocuteurs se montrent parfois surpris, mais leur ahurissement est à son comble quand je leur dis que j'ai aimé ça. C'est vrai que marcher à l'unisson avec mes camarades avait quelque chose d'exaltant. Nous devions faire preuve de discipline afin que notre corps et notre esprit soient parfaitement synchrones. Se réfugier dans des rêveries et perdre contact avec la réalité avait une conséquence fatale : nous rompions très vite le pas avec le reste du régiment et nous nous sentions passablement ridicules. Pour faire de bonnes manœuvres, il était essentiel de rester pleinement présent à l'exercice. Lorsque chaque petit soldat était attentif à ses compagnons, la fluidité de la marche était époustouflante. Nous n'étions qu'un groupe d'adolescents pataugs, mais la dignité émanait de tout notre être quand notre discipline corps/esprit présidait à notre action.

Le mot *discipline* a mauvaise réputation en Occident. On l'utilise souvent pour qualifier le traitement infligé à une personne par d'autres personnes. Un parent impose sa discipline à un enfant qui se conduit mal ; un entraîneur déclare à ses élèves trop gros qu'ils doivent faire preuve de discipline s'ils veulent perdre du poids. Nous avons l'impression que la discipline nous est imposée et, bien que nous sachions qu'elle l'est pour notre bien, cela ne nous rend pas plus heureux.

La discipline comme source de bonheur

d'un point de vue bouddhiste, la discipline est souvent positive et elle peut même être une source directe de bonheur. Lorsque nous la mettons en pratique pendant nos séances de méditation, nous ressentons un profond bien-être. Les méditants matinaux apprécient la discipline qui les encourage à se lever tôt. Ils savent que cette pulsion qui les sort du lit pour les conduire à leur coussin de méditation est salutaire. En maintenant leur posture, en revenant constamment à leur respiration, ils ressentent les bienfaits de leur conduite. Et à la fin de la méditation, ils sont heureux et ravis – surtout lorsqu'ils ont acquis par eux-mêmes cette forme de discipline qui prend racine dans la vertu.

La discipline qui est étroitement associée à la vertu est celle que le lion des neiges met en pratique. Un des meilleurs moyens de s'assurer qu'elle a un rapport direct avec la vertu est de voir si elle est imprégnée de bienveillance. Si vous avez l'impression que vous êtes dur envers vous-même, c'est parce que vous avez sans doute recours à une discipline agressive. Une rectitude aussi névrosée plonge ses racines dans la confusion. Le lion des neiges, lui, tire sa discipline de sa foi en sa bonté innée.

Ce qui est passionnant dans notre vie moderne, c'est que nous disposons des moyens de découvrir si nous utilisons la discipline avec bienveillance ou si, dans un état d'esprit agressif, nous fermons notre cœur à double tour. Lorsque nous devons affronter la convoitise, la colère ou les préjugés, nous pouvons utiliser ces moments comme autant d'occasions de nous entraîner à la vertu de la discipline.

La vertu ne consiste pas nécessairement à adopter un point de vue moralisateur. Développer une série de critères édifiants est antithétique à la voie du dharma. S'accrocher à des opinions fondées sur une morale bornée ne fait que renforcer le sentiment du moi. Brandir des modèles et les utiliser comme autant d'armes contre ses semblables est un comportement tout à fait opposé à l'altruisme. Si vous vous conduisez de la sorte, vous finirez par mépriser les autres en raison de vos préjugés moraux. Le fait de cultiver une notion aussi subjective de la vertu est le meilleur moyen de renforcer son ego et de se couper de son entourage.

Au lieu de cela, dites-vous que la philosophie bouddhiste repose dans la force méditative du guerrier, qui l'aide à entrer en contact avec son propre cœur. Lorsque vous savez en quoi consiste le discernement, vous pouvez le mettre en pratique pour découvrir, au cas par cas, ce à quoi vous voulez vous ouvrir et ce dont vous voulez vous éloigner. Après avoir découvert les éléments que vous acceptez et ceux que vous refusez dans votre vie quotidienne, suivez les pas du lion des neiges. Il vous aidera à mettre votre discipline en pratique dans la poursuite de vos décisions. Il est facile, par exemple, de voir que notre partenaire a une influence toxique sur nous, mais il est beaucoup plus difficile de rompre avec cette personne. Même si vous avez la ferme intention d'être bienveillant envers vous et envers l'autre, vous devrez faire preuve de discipline lorsque vous entamerez la douloureuse discussion qui précède toujours une rupture.

Divers moyens de mettre la vertu de la discipline en pratique

faire preuve de discipline vertueuse n'est pas évident. Nous sommes parfois entourés d'individus qui s'obstinent à faire passer leurs attentes au premier plan, sans se demander s'ils blessent l'une ou l'autre personne de leur entourage. Leur seule préoccupation est d'obtenir ce qu'ils veulent.

Le maître de méditation Ngulchu Thogme (XIVe siècle) ne le savait que trop bien. C'est pourquoi il a proposé 37 pratiques aux bodhisattvas, guerriers au cœur éveillé, destinées à les aider à s'ouvrir au monde. Un grand nombre de ces points ont trait à la nécessité de mettre la vertu en pratique dans les situations les plus difficiles. Comme dans le poème suivant :

Si quelqu'un veut te couper la tête
Alors que tu ne lui as rien fait,
Utilise le pouvoir de la compassion
Pour supporter ses mauvaises actions.
C'est ainsi qu'agit le bodhisattva.

Dans le monde d'aujourd'hui, nous sommes plus susceptibles de rencontrer des gens qui passent avant nous dans une file d'attente qu'un enragé qui veut nous couper la tête. Mais le point de vue de Ngulchu Thogme est valable dans les deux scénarios. Ce qu'il voulait dire, c'est que, quelles que soient les contrariétés qu'on nous inflige – ou la violence – nous avons toujours la possibilité de réagir avec compassion.

Même si vous ne méritez absolument pas le traitement qu'une personne vous fait subir, montrez-vous ouvert et empathique, essayez de comprendre que cette personne qui vous agresse est en proie à la confusion et qu'elle n'a sûrement pas analysé, avant d'agir, les raisons de son comportement. Autrement dit, ce comportement est purement émotif.

Lorsque vous aurez compris que cette personne était en proie à la confusion, manifestez-lui votre empathie. Après tout, ne vous est-il pas arrivé à vous aussi d'agir sous le coup d'une impulsion, sans même réaliser le mal que vous pouviez causer autour de vous ? La compassion baigne dans l'empathie.

Prenons un autre exemple dans le livre de Ngulchu Thogme.

Quand quelqu'un médit de toi
Avec un millier de mots,
Tu peux, avec ton cœur plein d'amour,
Proclamer ses belles qualités.
C'est ainsi qu'agit le bodhisattva.

Il nous est arrivé à tous d'être victime de rumeurs qui ont donné à notre entourage l'impression que nous étions des brutes ou des fous. Ngulchu Thogme dit, lui, que même si nous sommes la proie d'un individu qui veut attenter à notre réputation, nous devons éviter de courir à droite et à gauche pour rétablir les perceptions fausses que l'on se fait de nous. Et que nous ne devons surtout pas boxer le nez du colporteur de rumeurs ! Si vous le pouvez, démentez ces rumeurs, mais ne courez pas d'un quartier à l'autre pour dire à tout un chacun que votre adversaire est méprisable, et que répandre des mensonges n'est pas digne d'un bodhisattva.

Par contre, vous pouvez vous dire, d'une part, que cette personne tente d'attirer l'attention sur elle de la mauvaise manière, et essayer, d'autre part, de trouver un élément, en ce qui la concerne, qui mérite d'être apprécié. Ici, la vertu de discipline signifie que, en dépit du fait que vous êtes attaqué, vous décidez d'ouvrir votre cœur. Si quelqu'un entreprend de combler le fossé qui vous sépare de votre ennemi, imaginez sa surprise lorsqu'il vous entendra chanter ses louanges ! L'on peut défendre sa réputation de diverses manières, mais si l'on veut vraiment changer les choses, nous devons exprimer notre compassion envers les médisants.

Au milieu de la foule,
Quelqu'un dévoile tes défauts cachés
et nuit à ta réputation.
Fais de cette personne un ami spirituel
et salue-la avec respect.
C'est ainsi qu'agit le bodhisattva.

Ici, Ngulchu Thogme se réfère à une expérience que beaucoup de personnes ont sans doute vécue : vous êtes en compagnie d'amis lorsque, soudain, quelqu'un vous attaque et critique votre travail. Votre première réaction est de changer de sujet ou de contrer la critique, mais cette tactique ne fait qu'ajouter une couche protectrice de plus à la carapace que vous avez installée autour de votre cœur.

Lorsqu'un individu met l'accent sur un de vos défauts – même s'il ne fait que plaisanter – il est préférable que vous examiniez d'abord, avec objectivité, le soi-disant défaut. Vous découvrirez peut-être que la critique est fondée. Si c'est le cas, cessez de considérer la personne en question comme un tortionnaire et voyez-la plutôt comme un ami spirituel qui vous a permis d'apprendre un élément important sur vous-même.

En général, nous comptons sur un mentor ou un maître spirituel pour mettre le doigt sur nos défauts et nos erreurs, et non sur un collègue de bureau ou un ami. La vertu de discipline, dans ce cas, consiste à dépasser notre orgueil blessé et à admettre qu'une autre personne puisse faire office de professeur dans notre vie en nous donnant la possibilité de développer notre spiritualité. Une telle expérience ne doit pas susciter en nous un désir de représailles, mais nous donner l'occasion de témoigner notre estime et notre reconnaissance à ce nouvel ami spirituel.

Quand vous mettez la vertu de discipline en pratique, vous ressentez des sentiments opposés à ceux que vous éprouvez lorsque vous êtes envahi par le doute. Votre foi en votre bonté innée grandit. Vous utilisez vos rencontres comme autant d'éléments nécessaires à votre cheminement vers la vertu. Dans ce sens, vous êtes pareil au lion des neiges, qui ne se laisse jamais submerger par les raisonnements de son esprit.

Chevauchez le cheval de vent

Plus vous vous appliquez à être vertueux, plus vous êtes apte à chevaucher votre énergie naturelle, le *cheval de vent*. Au Tibet, cette énergie porte le nom de *lungta*. *Lung* peut se traduire par « énergie » ou « vent » ; et *ta* signifie « cheval ». Tout comme le cheval, vous pouvez galoper sur votre énergie vitale, dans la magie qui vous entoure à tout moment.

Le principe du *cheval de vent*, c'est que nous possédons une énergie inépuisable dans laquelle nous pouvons puiser. À l'opposé, lorsque nous nous fermons au monde qui nous entoure, notre énergie s'amenuise et nous perdons contact avec ce cheval de vent qui engendre cette énergie.

C'est par le truchement de la vertu de discipline que nous pouvons enfourcher le cheval de vent. Nous nous sentons alors connectés au monde. Nous ne fronçons plus les sourcils devant les situations difficiles, nous les voyons plutôt comme des occasions d'ouvrir davantage notre cœur. La vertu de discipline nous aide à vivre dans le présent et à affronter les moments pénibles. Elle nous permet de nous ouvrir au monde et de chevaucher notre énergie vitale.

12
Chevauchez les vagues de votre vie

Imaginez ceci : vous êtes sur une plage noire de monde. Le sable est brûlant. Regardez autour de vous. Des gens se querellent pour s'emparer de quelques mètres carrés de sable, repoussant tous ceux qui leur font obstacle. La plage est couverte de détritus, et le simple fait d'y être assis vous plonge dans un profond malaise. Après être resté un moment dans cet endroit peu ragoûtant, vous faites un effort conscient et vous courez vers la mer.

Vous entrez dans l'eau et vous vous mettez à nager, en dépit des vagues qui entravent votre progression. L'une d'elles menace de vous submerger. Vous plongez, et cette action vous revigore. Vous n'avez pas considéré cette vague comme un obstacle, mais comme une expérience libératrice. Lorsque vous tournez la tête vers la plage, vous ressentez de la répugnance, et ce sentiment vous aide à vous propulser plus loin encore.

Tout à coup, vous apercevez, au loin, une autre plage. Elle vous plaît. Cette attirance vous encourage à nager encore plus vite. Vous arrivez à destination et vous constatez que le sable de la plage est propre. L'air est pur et d'une tiédeur agréable. Vous êtes heureux d'être là, mais vous êtes surtout soulagé d'avoir laissé derrière vous un endroit qui ne vous apportait que souffrance.

Pourtant, lorsque vous jetez un regard vers l'endroit que vous avez quitté, votre cœur se brise à l'idée de ceux que vous avez laissés là, aussi angoissés que lorsque vous les avez quittés. Vous vous dites : « Si seulement ils comprenaient qu'ils souffrent et s'épuisent par leur faute, ils pourraient eux aussi atteindre ce merveilleux bord de mer que je viens de découvrir. » Vous décidez alors de les aider, et vous plongez à nouveau dans l'océan, cette fois en sens inverse, afin d'aller encourager les gens de l'autre plage à suivre votre exemple.

Je viens de vous raconter le voyage d'un bodhisattva qui a atteint l'illumination.

Vous n'êtes pas le seul à constater que votre séjour en bord de mer ne correspond pas du tout à ce que vous a promis l'agence de voyage. Ce que vous avez trouvé, au lieu des délices promises, c'est la souffrance, le chagrin, et l'agressivité. Et comme beaucoup de maîtres bouddhistes avant vous, vous avez ressenti un désir pressant de vous éloigner de ces souffrances. Pour cela, vous avez dû plonger, métaphoriquement parlant, dans l'océan.

Dans une histoire sur le Bouddha, on apprend qu'il a jeté son bol à offrandes dans le fleuve et que ce bol a remonté le courant. Comme lui, nous savons que si nous voulons nous éloigner de la rive de la douleur et de l'angoisse, nous devons nous y employer avec force et agir à l'opposé de ce que les gens font d'habitude. Lorsqu'un obstacle se présente, n'essayez pas de l'éviter, même s'il est énorme. Considérez-le comme une partie de votre cheminement spirituel. Plongez au cœur de cet obstacle qui vous submerge comme une vague, et vous en ressortirez ragaillardi. Et si vous voyez que d'autres personnes sont encore enfouies dans leurs schémas habituels, ayez de la compassion pour elles et utilisez vos nouvelles connaissances afin d'y puiser l'énergie nécessaire pour les aider à agir à l'encontre de leurs réactions coutumières.

Pour beaucoup d'entre nous, cette décision d'agir signifie que nous sommes sur la bonne voie. Nous nageons dans l'océan, nous affrontons les vagues qui nous font obstacle et essaient de nous repousser vers notre vieux royaume de souffrance. Nous plongeons dans les vagues et trouvons ainsi des moyens de nous concilier l'adversité. Au cours de cette nage longue et difficile, nous entrevoyons l'autre rive et accélérons nos mouvements pour l'atteindre au plus vite. Cette autre rive, c'est l'illumination.

Les six paramitas

Il existe, sur la voie du bodhisattva, six principes qui peuvent être incroyablement utiles dans notre long périple vers l'éveil. Ce sont les six *paramitas*, ou vertus transcendantales. *Param* pourrait être traduit par « autre rive », et *ita* par « arrivé ». C'est grâce à la pratique de ces six perfections que nous pouvons naviguer habilement à travers les obstacles de notre vie, puis atteindre la rive de l'illumination.

Ces six paramitas, qui nous aident à museler notre ego et à ouvrir plus largement notre esprit, sont la générosité, l'éthique, la patience, la persévérance (efforts enthousiastes), la concentration, et la *prajna*, ou sagesse (conscience transcendantale).

La générosité

L'exubérance du lion des neiges est due au fait qu'il ne s'accroche à rien. Comme il ne veut pas se laisser alourdir par le doute ou par de fortes émotions, il ne s'attache jamais à des possessions matérielles. Il est extraordinairement généreux car il sait que cette qualité lui donne un tas de possibilités de devenir une meilleure personne. La voie du lion des neiges consiste à détecter les moments où nous faisons preuve de mesquinerie, et à utiliser cette connaissance pour nous consacrer pleinement aux autres.

D'un point de vue bouddhiste, la générosité ne signifie pas donner à quelqu'un qui nous est inférieur. Nous ne donnons pas de l'argent à un sans-abri parce que nous estimons être meilleur que lui, nous lui en donnons parce que nous savons que nous possédons l'un et l'autre la même bonté aimante.

Il arrive que nous soyons à court d'argent, ou très occupés. Pendant des années, j'ai présidé un comité de collecteurs de fonds professionnels chargés de découvrir comment stimuler la générosité dans des communautés bouddhistes. Lors de la crise économique de 2008, nous avons commencé notre réunion annuelle sur une note lugubre : les gens ne pouvaient nous offrir les sommes qu'ils avaient coutume de donner dans le passé. En conséquence, certaines organisations qui dépendaient de ces dons souffriraient énormément.

Nous aurions pu fermer boutique et nous montrer modérés dans notre collecte d'argent. Au lieu de cela, nous avons adopté une approche radicalement différente. Nous avions le mandat de recueillir des fonds et nous nous sommes dit que les gens pouvaient se montrer, malgré la crise, encore plus généreux. Nous avons adopté une nouvelle devise : « Tout le monde a quelque chose à donner. »

La générosité est basée sur la conscience de ce que l'on est en mesure de donner et sur la volonté de donner plus. Supposons que vous ayez une fin de mois difficile, mais que, sachant qu'elle est encore plus dure pour d'autres personnes, vous décidiez de leur consacrer du temps, grâce au bénévolat, par exemple, ou en les aidant dans leur travail. Vous pourriez aussi, malgré le piètre état de votre compte en banque, prêter de l'argent à un ami qui est en plus mauvaise posture que vous. Enfin, et bien que votre temps soit compté, vous pourriez rester, après le bureau, auprès d'un collègue qui a de gros problèmes et a besoin d'en parler. Savoir ce que l'on peut donner dépend bien sûr de ce que l'on vit et endure soi-même, mais il faut néanmoins essayer de faire preuve d'une générosité qui va au-delà de notre zone de confort.

Quand les temps sont particulièrement difficiles, vous n'êtes sans doute pas en mesure de fournir une aide pécuniaire à un sans-abri. Si c'est le cas, offrez-lui un sourire, regardez-le dans les yeux et dites-lui : « Désolé, mon vieux, je ne peux pas t'aider aujourd'hui.» Lorsque vous ne pouvez pas offrir un soutien en argent, vous pouvez toujours faire une offrande sous la forme d'une interaction généreuse authentique.

Cette conviction que tout le monde a quelque chose à donner découle d'une certitude : nous sommes tous fondamentalement bons, et nous pouvons utiliser la force de cette bonté intrinsèque dans tous les scénarios qui se présentent à nous. Lorsque nous sommes en contact avec notre bodhicitta, notre cœur éveillé, nous aspirons à donner, quelle que soit la forme de ce don. Nous pouvons offrir notre richesse, notre temps, notre soutien psychologique. Ce don authentique fait avec le cœur nous permet d'améliorer le monde dans lequel nous vivons.

Ce qui est formidable, dans ce long voyage vers l'autre rive, c'est que le monde nous fournit sans cesse des occasions de donner. Quand vous faites face à quelqu'un qui appelle à l'aide, souvenez-vous que la générosité est aussi un moyen de museler votre ego, et rappelez-vous les paroles de Sakyong Mipham Rinpoché : « Se raccrocher à quelque chose est un moyen de se raccrocher à soi-même.»

L'éthique

La vertu et la discipline vont de pair. Comme nous l'avons vu au chapitre précédent, être discipliné ne veut pas dire que l'on doive s'enfermer dans des règles strictes. La discipline est basée sur la volonté de concentrer notre esprit sur notre bonté fondamentale.

La discipline du lion des neiges est enracinée dans le discernement du tigre. Lorsque nous découvrons que certains aspects de notre vie suscitent la vertu ou son opposé, la voie du lion des neiges nous pousse à camper sur nos positions vertueuses et à nous engager dans des actions créatrices de bonheur. Ces actions sont très souvent axées sur la vertu et la compassion. Pour le bodhisattva qui apprend à affronter des obstacles, la discipline du courage et celle qui consiste à être présent à son propre cœur lui permettent de s'engager plus profondément dans la voie spirituelle.

La patience

La patience du lion des neiges est infinie. Tout au long de notre enfance et de notre adolescence, nos parents nous ont encouragés à la cultiver. Mais nous n'aimons pas être patients. Pour nous, la patience est comme la discipline qui nous a été inculquée comme une nécessité vitale.

D'un point de vue conventionnel, la patience consiste à adopter l'approche « Attendre et voir venir ». Par exemple, nous recevons un message d'un collègue nous disant : « Il faut qu'on parle. » Nous attendons patiemment l'heure du rendez-vous afin d'avoir la discussion proposée, mais, pendant ce temps, nous nous demandons sans cesse si les nouvelles qui nous pendent au nez sont bonnes ou mauvaises. Nous voulons cependant en finir le plus vite possible avec cette rencontre, quelles que soient les émotions qu'elle nous réserve.

Selon la perspective bouddhiste, la patience n'a rien à voir avec l'approche « Attendre et voir venir ». Elle consiste plutôt à se dire : « Sois tout simplement là. » On ressent beaucoup de joie lorsqu'on cultive cette forme de patience. Quand vous êtes assis sur votre coussin de méditation, une forte émotion, comme la peur, par exemple, peut vous envahir à l'idée d'une présentation que vous devez faire. Vous vous dites : « Que va-t-il se passer si j'échoue ? » Cette peur commence alors à s'insinuer en vous, elle s'amplifie, et votre esprit entre dans une spirale de scénarios axés sur votre peur. La patience consiste alors à être présent à votre émotion, à la laisser refluer et débouler comme une vague, tout en revenant le plus souvent possible à la respiration.

La patience peut également reposer sur une non-attente. Pensez à la patience comme à un moyen de vous ouvrir à tout ce qui vient à vous. Lorsque vous durcissez vos attentes, vous risquez d'être déçu car elles ne seront sans doute pas satisfaites comme vous le souhaitiez. En revanche, quand vous gardez une attitude détendue devant les événements qui se présentent, sans les colorer avec vos propres projections, vous n'avez plus aucune raison de vous impatienter. Ainsi libéré de tout entêtement concernant ce que vous estimez nécessaire pour votre tranquillité d'esprit, il y a peu de chances que vous ressentiez de la frustration lorsque les choses ne se produisent pas dans le cadre et au moment voulu. Vous vous contentez simplement d'être là, ouvert à toutes les possibilités.

La persévérance (efforts enthousiastes)

Tandis qu'il bondit de montagne en montagne, le lion des neiges évite, grâce à ses efforts enthousiastes, de tomber dans le piège du doute. À certaines étapes de notre voyage, nous commençons à glisser dans ce piège, et nous remettons en question la pratique des paramitas. Nous regardons la plage qui s'étale devant nous et nous nous disons : « Au fond, ce n'était pas si mal ! Bien sûr, elle est sale, le sable est collant, les gens sont agressifs, mais lutter contre les vagues de l'océan n'est peut-être pas plus facile. » Nous nous réfugions dans la paresse et le laxisme, indifférents aux vagues qui nous malmènent.

Lorsque vous vous fatiguez joyeusement pour le bien des autres, une joie toute naturelle vous envahit. Vous vous reconnectez à votre bonté fondamentale et vous y puisez de bonnes inspirations pour votre cheminement spirituel. Votre vie ne vous paraît plus tracassière et vous commencez à apprécier une foule d'activités, comme cuisiner, aller au cinéma avec des amis, payer vos factures. Vous vous fatiguez gaiement dans toutes ces activités ancrées dans votre force innée et votre bonté fondamentale.

La concentration (méditation)

Le lion des neiges poursuit sa méditation consciente afin de découvrir comment celle-ci peut bénéficier au monde qui l'entoure. Cela peut paraître évident, mais un bodhisattva ne cesse de travailler dans un esprit de concentration tandis qu'il affronte les obstacles qui se dressent devant lui. Lorsque vous êtes sur le coussin, familiarisez-vous avec vos états émotionnels. Vous savez très bien que vous accrocher à votre moi comme s'il était réel et solide ne fera qu'augmenter votre souffrance. La voie du bodhisattva exige que vous abandonniez vos idées fixes et que vous vous tourniez vers la vie telle qu'elle est. En étant constamment présent au monde, vous avez la possibilité de transformer l'adversité en une occasion de mettre votre empathie et votre compassion en pratique.

La prajna (conscience transcendantale)

Les six paramitas possèdent chacune leurs qualités propres, mais pour les mettre adéquatement en pratique, nous devons suivre l'exemple du lion des neiges et développer notre *prajna*, ou conscience transcendantale. *Pra* est un terme sanskrit qui signifie « supérieur », et *jna*, « connaître ». La prajna est donc une connaissance supérieure, ou, pour être plus précis, une sagesse consciente discriminante. Ce qui veut dire que lorsque l'on met le discernement empathique et une grande objectivité en pratique, on voit les choses telles qu'elles sont.

La prajna vous permet d'évaluer une situation sans vous y projeter. Elle consiste à extraire le moi d'un problème afin de trouver le meilleur moyen d'y remédier. Quand votre ego est absent lorsque vous adoptez la meilleure façon d'agir dans l'une ou l'autre situation, cela signifie que vous vous êtes débarrassé de cet obstacle majeur qui vous empêchait de voir cette situation telle qu'elle est.

Lorsque vous accordez toute votre attention à une situation sans la colorer de vos opinions, la possibilité d'agir de façon adéquate se présente tout naturellement. C'est un des grands moments « Viens et vois par toi-même » du bouddhisme. Quand vous faites face à un problème au bureau ou à la maison, faites une pause, laissez tomber votre opinion sur le sujet et ménagez un large espace afin de pouvoir y examiner la situation. Une fois installé dans cet espace, voyez si une solution est possible. Mettre en pratique l'une des paramitas pourrait vous apparaître comme la meilleure marche à suivre.

Les paramitas sont transcendantes car elles infusent dans la prajna. La prajna est l'intelligence qui rend toute activité efficace. C'est la conscience qui nous conseille de laisser tomber notre point de vue figé au profit d'une idée plus large sur la manière d'affronter une situation donnée.

J'ai eu l'occasion de voir la prajna à l'œuvre un été où je séjournais à Karmê Chöling, un centre de retraite du Vermont. Cet été était particulièrement chargé ; plusieurs centaines de personnes participaient aux séances de méditation. Les cuisiniers et les jardiniers travaillaient 12 heures par jour pour s'assurer que nous étions bien nourris. La tension commençait à monter, car nous étions tous épuisés.

Un jour, un des jardiniers a traversé la pelouse avec un cageot rempli de tomates. Il est entré brusquement dans la cuisine, a déposé le tout sur un plan de travail et, sans un mot de politesse, a fait demi-tour. Ce n'était pas la première fois qu'il agissait de la sorte.

Tandis qu'il se préparait à retraverser la pelouse, la porte de la cuisine s'est ouverte et le chef cuisinier est sorti avec le cageot. Sans dire un mot lui non plus, il a jeté la boîte en direction du jardinier. Les tomates ont valsé dans tous les sens.

Nous sommes restés bouche bée pendant un moment, tandis que le chef fusillait le jardinier du regard, et que ce dernier, qui s'était retourné, lui rendait la pareille. Après ce qui nous a semblé durer une éternité, les deux hommes ont disparu chacun de leur côté pour retourner à leur travail.

Nous avions tous notre propre opinion concernant la scène qui venait de se dérouler. Certains déploraient ce genre d'emportement dans un centre de méditation ; d'autres pensaient qu'une médiation était nécessaire : les deux hommes devaient faire la paix. D'autres affirmaient qu'ils devaient être renvoyés sur-le-champ. Bref, chacun avait son propre point de vue sur les suites à donner à l'affaire.

Au milieu de cette rafale d'opinions, un jeune homme s'est levé et, sans dire un mot, s'est dirigé vers le cageot et y a replacé soigneusement les tomates. Ensuite, il a soustrait l'objet de la dispute de la scène de crime afin que, une fois le nuage de discorde dissipé, tout puisse être oublié.

Je ne me souviens pas de ce qui s'est passé par la suite, et je ne suis sans doute pas le seul, mais ce qui m'a frappé, c'est qu'au milieu des argumentations et des discussions, un jeune homme s'est levé tranquillement, a considéré les faits avec objectivité et a agi avec sérénité, chassant ainsi les nuages noirs du jugement, des opinions et des préjugés. Il savait que la meilleure chose à faire dans ce type de situation était de laisser son ego de côté. Il a fait ce que personne n'avait jugé bon de faire : ramasser les tomates, puis attendre que les esprits s'apaisent. Il a ménagé un espace au milieu de la confusion. C'était le comportement le plus altruiste auquel on pouvait avoir recours en la circonstance.

Comme ce jeune homme, ne considérez pas les paramitas comme des manifestations de bonté qui doivent être préparées et organisées. Vous n'avez pas à vous transformer en super héros luttant contre le mal. Il vous suffit d'être présent à votre monde et d'offrir votre aide à ceux qui en ont besoin. Vous pouvez faire un chèque à l'intention d'une œuvre de charité ; ramasser une bouteille sur le trottoir et la glisser dans le bac à recyclage ; tenir la porte de l'ascenseur pour un collègue…

Lorsque vous rassemblez vos forces et mettez les paramitas en pratique, les obstacles qui vous entravent disparaissent, les vagues cessent de vous submerger. Vous avez réussi à les affronter. Vous pouvez même les utiliser tout au long de votre cheminement. En fait, vous pouvez mettre à profit toutes les occasions de faire preuve de générosité, d'éthique, de patience, de persévérance, de concentration et de prajna. C'est une grande satisfaction de se dire que ces qualités font non seulement du bien à notre entourage, mais qu'elles nous permettent de grandir, comme grandit tout bodhisattva sur la voie de l'illumination.

Lorsque vous mettez les six paramitas en pratique, et que vous le faites le plus souvent possible, vous naviguez avec grâce et dignité dans une existence éclairée par samsara. Ce sont les outils que tous les maîtres illuminés du passé ont affinés pendant de nombreuses années de méditation. Si vous suivez leurs pas, vous serez vous aussi capable de vous rendre sur l'autre rive et, comme ces grands maîtres illuminés, vous serez empli du profond désir de secourir tous ceux qui souffrent. Ces grands maîtres n'ont pas hésité à se jeter à la mer, puis à revenir sur la rive de la souffrance afin de nous conduire au véritable éveil. Tout commence avec les six paramitas.

Méditer sur la bonté aimante

Avant de vous engager dans la pratique des six paramitas, plongez-vous dans la *maitri*, ou méditation sur la bonté aimante. Prenez place sur votre coussin et, après quelques minutes, mettez shamatha en pratique. Tirez profit de cette courte méditation afin de prendre contact avec votre espace. En revenant sans cesse à la respiration, chassez vos idées fixes.

Dans cet espace, souhaitez-vous à vous-même un bonheur authentique. Il ne s'agit pas ici de participer à un grand mystère ésotérique. Il vous suffit d'aspirer à connaître de bons moments : quelques heures de sommeil en plus ; un beau week-end ; une soirée agréable avec des amis. Accordez-vous un moment de pure félicité. Après ces quelques minutes où vous vous serez offert votre bonté aimante, posez-vous cette question : « Puis-je jouir de ce bonheur et être libéré de toute souffrance ? »

Pensez maintenant à quelqu'un que vous aimez. Votre mère, votre conjoint, un être pour lequel vous éprouvez une grande affection… Voyez ces personnes en pensée, pensez aux qualités que vous appréciez chez elles, ou contentez-vous simplement de prononcer leur nom. Souhaitez-leur ensuite le bonheur dans les termes les plus précis qui vous viennent à l'esprit. Vous pourriez vous dire : « Je voudrais qu'il obtienne ce boulot qu'il convoite » ou « J'espère que maman a adoré son repas d'anniversaire », mais si rien de précis ne vous vient à l'esprit, contentez-vous de leur souhaiter une bonne santé, le bien-être. Après quelques minutes, concluez cette séance en vous disant : « Qu'il ou elle (prénom) jouisse de ce bonheur et soit libéré(e) de toute souffrance. »

Au tour d'un ami, à présent. Pensez à quelqu'un qui vous réconforte quand vous êtes déprimé, ou à un vieux copain que vous voyez une fois toutes les lunes pour prendre un verre. Pensez à sa vie, à sa famille, à son travail. Souhaitez-lui le succès et le bonheur, puis concentrez-vous sur ces vœux pendant quelques minutes. Enfin, terminez cette contemplation en vous disant : « Puisse-t-il (elle) connaître le bonheur et être libéré(e) de la souffrance. »

Maintenant, tournez-vous vers une simple connaissance, une personne que vous voyez régulièrement mais que vous ne connaissez pas très bien. Ce pourrait être la gérante de la buanderie de votre quartier, ou un ancien camarade d'école, ou le facteur. Bref, un individu envers qui vous n'éprouvez pas de sentiments affectueux. Comme vous ne connaissez pas très bien cette personne, il est évident que vous ne passez pas vos soirées à vous tracasser pour ses problèmes. Malgré cela, souhaitez-lui le plus grand bonheur possible. Ressentez son aspiration au bonheur tout comme vous ressentez la vôtre. Après quelques minutes, dites-vous mentalement: «Puisse-t-il (elle) connaître le bonheur et être libéré(e) de la souffrance.»

Enfin, pensez à une personne que vous détestez. On qualifie généralement ce genre d'individus d'«ennemi», mais ce ne doit pas être un ennemi juré. Je vous conseille plutôt de penser à un collègue ou à un voisin avec lequel vous ne vous entendez pas. Même si vous ressentez un sentiment désagréable à la simple vue de cette personne, essayez de lui souhaiter un grand bonheur sous une forme qui lui convienne, soit une bonne performance sportive, par exemple, ou le bonheur conjugal. Après quelques minutes de concentration, concluez en vous disant: «Puisse-t-il (elle) connaître le bonheur et être libéré(e) de la souffrance.»

Maintenant, élargissez votre bonté aimante à tous les êtres que vous ne connaissez que de vue. Ce ne sont ni des amis ni des ennemis. Supprimez toutes les barrières, tous les préjugés que vous pourriez avoir. Souhaitez-leur mentalement le bonheur. «Puissent-ils connaître le bonheur et être libérés de la souffrance.» Immergez-vous dans ce sentiment pendant quelques minutes.

Élargissez plus encore votre bonté aimante. Sans aucune discrimination, offrez l'émotion que vous ressentez à tous les êtres vivants. Commencez près de chez vous, dans votre quartier. Souhaitez le bonheur à tous vos voisins. Allez plus loin encore. Souhaitez bonheur et libération de la souffrance à tous ceux et celles qui vivent dans votre ville, votre province, votre pays, et ainsi de suite jusqu'à ce que votre bonté aimante soit offerte au monde entier. Dites-vous mentalement ou à voix haute : « Puissent tous les êtres qui peuplent cette planète connaître le bonheur et être libérés de la souffrance.»

Soyez présent à tout ce qui découle de cette contemplation. Laissez tomber les mots et les pensées inutiles, détendez-vous, immergez-vous dans le sens profond de cette aspiration au bonheur et à l'amour. Laissez cet amour emplir votre cœur jusqu'à ce qu'il déborde et irradie vers tous les êtres. Baignez dans cette plénitude.

Vous plonger régulièrement dans cette pratique est le meilleur moyen de vous inciter à offrir votre bonté aimante à tous et à toutes. Si vous mettez cette contemplation en pratique au réveil, elle vous ôtera toute hésitation quant aux autres pratiques du bodhisattva.

À la fin de la journée, pensez à tous ces moments où vous avez souhaité le bonheur à vos semblables, et à la place que prend la pratique des paramitas dans votre vie. À présent (il ne s'agit pas ici de juger ou d'évaluer), si vous avez l'impression de ne pas avoir suffisamment appliqué ces principes aujourd'hui, faites en sorte que ce sentiment nourrisse votre désir de le faire demain. Si, au contraire, vous avez fait preuve de compassion et de bonté aimante tout au long de la journée, célébrez cette réussite de la manière qui vous paraît la plus appropriée.

13
Répandez la lumière dans l'obscurité

Lorsque nous en arrivons à une certaine étape de notre cheminement, il n'est plus seulement question de nous changer, mais de changer le monde. Le choix qui s'offre à nous est très simple : soit nous nous laissons submerger par la convoitise, l'agressivité et l'ignorance, soit nous les combattons.

La discipline du lion des neiges nous permet, grâce aux six paramitas, de dépasser les tracasseries du quotidien et d'affronter les situations difficiles avec altruisme, compassion et discipline. Si nous suivons cette voie, nous apporterons la lumière en ce monde, même dans les endroits les plus sombres. Pour ce faire, voyons comment nous pouvons utiliser les outils du lion des neiges dans les domaines les plus importants de notre vie : travail, famille, bénévolat.

Travail

Le lion des neiges sait que tous ceux qu'il rencontre méritent de bénéficier de son empathie. Nous passons généralement la plus grande partie de notre temps entourés de personnes que nous ne fréquenterions pas si on nous en donnait le choix : collègues de bureau, patron, certains camarades de classe, professeurs… La plupart d'entre eux sont ennuyeux, ou constamment survoltés, ou ils nous exaspèrent. Comme il serait futile de passer notre temps à rêver au jour où nous en serons débarrassés, il est préférable que nous nous comportions en vrai guerrier, autrement dit, en nous ancrant dans notre présent et en nous comportant avec altruisme et empathie.

Ne vous séparez jamais de votre liste des six paramitas. Je vous recommande même d'écrire chaque qualité sur une fiche séparée et de placer les six fiches bien en vue sur votre bureau. Imaginez ceci : votre patron vous téléphone pour vous faire des remarques désobligeantes sur votre travail. Votre première impulsion est de raccrocher ou de vous défendre. Mais votre regard tombe, au moment où vous allez répliquer, sur le mot *patience*. Votre interlocuteur a beau continuer à discourir, vous restez calme et digne. Vous êtes dans une autre dimension, dans laquelle vous mettez en pratique la paramita qui vous permet de rester patient.

Je puis vous garantir que vous aurez recours à au moins une des six paramitas au cours de la journée. Si un collègue est à court d'argent, par exemple, vous vous montrerez généreux en lui offrant un sandwich. Si une réunion de travail se transforme en discussion qui n'a strictement rien à voir avec le sujet initial, vous vous mettrez d'abord à l'écoute de votre esprit, puis vous ramènerez les échanges à un niveau réaliste. Et si vous faites face à une montagne de travail, vous ferez défiler mentalement les six paramitas dans votre tête, puis vous serez suffisamment créatif pour les utiliser de façon adéquate.

Famille

La vie familiale est un excellent terrain d'exercice pour la pratique spirituelle. Supposons que vous vous soyez aperçu, au cours de votre adolescence, que vos parents ne s'entendaient pas. Votre père et votre mère avaient pourtant un bon emploi, ils surmontaient leurs différends, avaient réussi à rester en couple, et ils maintenaient leur cholestérol à un niveau raisonnable. Néanmoins, ils se rendaient très bien compte qu'ils n'avaient pas la vie dont ils avaient rêvé. Disons qu'ils n'avaient pas trouvé la recette imparable pour vivre en harmonie, faire carrière, et vous éduquer. Ils ne pouvaient donc pas vous léguer une recette qu'ils ne possédaient pas. Cette situation difficile vous a peut-être démoralisé et plongé dans la confusion.

La voie du lion des neiges consiste à ne pas se laisser aller à ce type de marasme et de doute. À une certaine période, la relation parents/enfant change. Si vous êtes un adolescent vivant encore au foyer familial, ne soyez pas horrifié si vous découvrez que vos parents ne vivent pas en parfaite harmonie. Vous pouvez même vous en réjouir, car cette révélation vous ouvre les portes de l'altruisme et de la compassion. Au lieu de fuir ce problème familial, mettez la vertu de discipline en pratique et ouvrez-vous au dialogue. Cet échange est une voie à double sens sur laquelle vos parents et vous finirez par vous rencontrer, et où vous apprendrez une foule de choses les uns sur les autres. Cette empathie offerte à vos parents (ou à des membres de votre famille) sous-entend que vous les écoutiez même s'ils abordent des sujets qui sont dérangeants ou douloureux pour chacun de vous.

Nous savons d'expérience que notre existence ne cesse de se désintégrer de mille manières. L'illusion de sécurité que nous pensons trouver dans des circonstances extérieures peut se volatiliser en quelques secondes. C'est pareil pour les êtres qui vous sont les plus chers. Vous détestez les voir souffrir, mais l'attitude la plus altruiste que vous puissiez adopter est d'être totalement présent et attentif quand ils font face à des problèmes. En leur offrant votre soutien dans des situations difficiles, vous suivez la voie du bodhisattva.

Bénévolat

selon moi, le moyen le plus simple de suivre la voie du bodhisattva est de s'engager dans des activités bénévoles. Diriger votre pensée et vos actions vers ceux qui, dans votre communauté, sont pauvres ou laissés pour compte, c'est comme allumer une lanterne dans une grotte obscure. Votre cœur éveillé irradie et sa lumière caresse tout ce qui vous entoure.

J'ai lu récemment que, en début d'année, une des résolutions les plus importantes des citoyens américains était de s'engager dans des activités bénévoles. Il semble que ce soit une aspiration générale. Cette aspiration consistait, jusqu'ici, à passer plus de temps avec sa famille et ses amis, mais elle se diversifie et s'intensifie d'année en année. Les citoyens veulent aider. Le problème, c'est qu'ils ne rompent pas suffisamment avec leur routine quotidienne pour le faire adéquatement.

Il y a quelques années, mon professeur, Sakyong Mipham Rinpoché, a demandé à ses élèves de s'engager dans une occupation bénévole. En ce qui me concerne, j'ai d'abord dîné avec un ami qui travaille dans un hospice pour vieillards et, en moins de temps qu'il ne faut pour le dire, je faisais partie des bénévoles de cette institution et l'on me confiait trois personnes âgées en fin de vie.

Ces trois personnes étaient trop handicapées par une perte d'autonomie pour que nous puissions développer une relation à long terme. La meilleure attitude à adopter était de leur offrir ma présence. Je restais donc auprès d'elles quand elles sommeillaient, et je leur parlais quand elles étaient éveillées, même si leur esprit n'était pas tout à fait présent. Ce n'était pas très compliqué. En plus, cette simple démarche me faisait du bien. Il me suffisait d'offrir ma présence, sans plus.

En dépit de l'absence de profondeur de nos conversations, je me sentais incroyablement proche de ces personnes et, lorsque l'une d'elles a quitté ce monde, j'ai ressenti une grande tristesse. Je ne m'en suis pas rendu compte tout de suite, mais cette relation était très importante pour moi et me touchait énormément. Je pensais offrir un service, mais c'était bien plus que ça : j'apprenais énormément en regardant ces personnes qui luttaient contre la vieillesse et la mort.

Vous engager dans une forme quelconque de volontariat peut changer votre existence. C'est l'occasion d'apprendre des leçons de vie tout en manifestant votre altruisme et votre empathie. Si vous n'avez pas la possibilité de faire du bénévolat, efforcez-vous de consacrer un peu plus de temps à ceux qui vous entourent. Le lion des neiges sait que le fait de se dévouer à ses semblables éclaire le monde et que cette activité est aussi bienfaisante qu'une merveilleuse soirée d'automne.

Il existe, sur la voie du guerrier, de nombreux moyens de mettre en pratique les qualités du lion des neiges. Ceux que je viens d'évoquer ne sont que des suggestions sur la façon d'utiliser les six paramitas afin de faire preuve de compassion et de discipline vertueuse. Plus vous vous penchez sur votre monde, plus vous vous engagez envers vos semblables. Et plus vous trouvez de multiples occasions de mettre les qualités du lion des neiges en pratique.

Pour écarter les obstacles qui vous gênent, développez votre foi en votre bonté aimante. Soyez un bodhisattva chaque jour de votre vie. Cette foi et cette bonté permettront à vos activités altruistes de se déployer et éclaireront les obstacles afin que vous puissiez les renverser à coup sûr. La beauté de ces enseignements, c'est qu'en associant bodhisattva à toutes les circonstances de votre vie, vous n'avez pas seulement la possibilité d'offrir votre compassion, mais que vous trouvez la joie et la plénitude.

Le monde a faim de pleine conscience et de compassion. Il a besoin de dirigeants prêts à instaurer une culture axée sur l'empathie et la sagesse. Vous pouvez vous joindre à eux. Vous pouvez créer une société illuminée. L'ouverture du cœur est un pouvoir qui vous aidera à transformer le monde.

Troisième partie

Bondissez dans l'espace

14
Ôtez la flèche de votre œil et vous verrez plus clairement le monde

Hier dans la soirée, j'ai pris un verre avec un ami qui traverse une pénible rupture et fait ce que nous faisons tous en pareil cas : il essaie de découvrir les causes et les conditions qui ont présidé à son échec conjugal. Après quelques minutes de conversation, mon ami a déposé pensivement son verre et a émis la conclusion suivante : « J'attendais beaucoup trop d'elle, et elle de moi. »

« Dans un certain sens, a-t-il précisé, chacun de nous attendait de l'autre ce que l'autre ne pouvait lui donner. Nous espérions un changement, des accommodements, mais ils étaient impossibles. » En fait, ce que mon ami Simon venait de découvrir, c'est que lorsque nous coulons nos attentes dans le béton, nous allons droit à la déception.

Ce principe de base ne se vérifie pas seulement dans les relations sentimentales, mais dans tous les aspects de l'existence. Pour certains d'entre nous, une visite chez papa/maman a tout d'une régression dans nos années d'adolescence. Nous aimerions entrer dans leur maison en tant qu'adulte, mais de vieux schémas nous attendent de pied ferme à l'entrée, et au lieu de discuter politique ou cinéma, nous finissons par sortir la poubelle et ramasser les feuilles mortes. Puis nous retombons immanquablement dans de vieux sujets de dispute. Ce n'est pas ce à quoi nous nous attendions, mais il semble que la situation se reproduise et s'intensifie à chaque visite. Ce type d'attente est un animal dangereux qui essaie de nous attraper.

Les flèches de la passion, de l'agressivité, et de l'ignorance

lorsque nous essayons d'analyser ce qu'est l'attente, nous découvrons que deux facteurs sont en jeu : l'espoir et la peur. Nous espérons trouver la sérénité dans un nouvel emploi, mais nous avons peur de souffrir à cause de cette mentalité d'entreprise que nous méprisons. Nous espérons recevoir un beau cadeau d'anniversaire ; nous avons peur des transports en commun, etc. Quel que soit le scénario, nous aspirons au plaisir et nous sommes prêts à fuir toute souffrance potentielle. Notre existence entière est régie par ces sentiments primaires.

Une des images traditionnelles de samsara est très populaire. Connue comme les douze liens de causalité, elle illustre les douze éléments qui se mêlent pour former le sentiment tangible du moi que nous transportons tout au long de notre existence. Un de ces liens représente un homme avec une flèche plantée dans l'œil.

Cette image est horrible, je l'admets, mais elle n'en est pas moins intéressante. Cet homme à la flèche plantée dans l'œil symbolise la manière avec laquelle nous développons certains sentiments à propos de notre monde. Lorsque nous percevons la présence d'un objet, d'une personne, d'un morceau de tarte ou d'une possibilité de changement de carrière, nous ressentons l'une des trois réactions primaires axées sur l'espoir ou la peur. Trois possibilités s'offrent alors à nous : nous désirons cet objet et nous entrons dans un processus fait d'attente et de convoitise ; ou nous nous distançons de cet objet, méprisons la simple idée de notre désir et luttons contre lui ; ou nous l'ignorons dans l'espoir qu'il disparaîtra. Quels que soient les éléments qui se présentent à vous, efforcez-vous de voir avec quelle précipitation vous tombez dans l'une des trois réactions que sont la passion, l'agressivité et l'ignorance.

L'homme à la flèche plantée dans l'œil n'est pas différent de vous et moi. Il veut être heureux. Hélas, cette flèche le gêne et lui fait mal. Alors, il n'arrête pas de la tripoter. Il se dit : « Si seulement je pouvais la faire bouger vers la droite, j'aurais moins mal, mais je n'y arrive pas ! Je vais essayer la gauche. Aïe. Bon, je vais simplement la pousser un tout petit peu et voir si cela me soulage. » Il continue ainsi à rechercher le soulagement en essayant de se débarrasser de la douleur. Mais quoi qu'il fasse, il souffre toujours.

Vous obstiner à entretenir des attentes et des opinions têtues, c'est vous enfoncer une flèche dans l'œil. Il est insensé de croire que vous trouverez un bonheur éternel parce que vous avez « forcé » certaines choses à bouger afin qu'elles répondent à vos désirs. Mon ami Alex détestait les transports publics. Il a donc acheté une voiture. Un jour où je l'accompagnais, il s'est lancé dans les louanges du véhicule. Mais il voulait pourtant changer la chaîne stéréo.

Quelques mois plus tard, il a commencé à se plaindre des essuie-glaces, puis de la consommation d'essence, et ainsi de suite jusqu'à ce que la voiture commence à montrer des signes d'usure. Aujourd'hui, il traite son auto de « pompeuse de fric » qui draine son compte en banque et ne lui apporte aucune satisfaction. Cette voiture est la flèche plantée dans l'œil d'Alex.

Nous passons parfois notre temps à tripoter notre propre flèche et, jusqu'à ce que nous cessions de nous dire que les choses doivent être comme ceci plutôt que comme cela, nous continuerons à le faire, nous infligeant ainsi plus de douleur encore dans cette vaine recherche d'un soulagement.

Dans la deuxième partie de ce livre, nous avons découvert comment suivre la voie de mahayana, ou grand véhicule. Cette voie est celle d'un mahayana relatif (tout ce qui existe en relation avec quelque chose d'autre et n'existe qu'en fonction de cette relation) qui nous permet de développer notre altruisme et notre compassion envers nos semblables et, agissant ainsi, d'en faire bénéficier le monde. Il s'agit là d'un jalon extrêmement important de notre vie spirituelle.

Cependant, si vous voulez participer au changement dans ce monde mais que votre tête reste pleine d'attentes et d'idées fixes à propos de ce que ce monde, selon vous, devrait être, vous ne faites que vous égarer et vous répandez ces idées fixes. Cela équivaut à donner des conseils à quelqu'un qui ne vous a même pas dit quel était son problème. Mettre la charrue avant les bœufs est dénué de sens. De la même manière, quand vous ne percevez pas la réalité telle qu'elle est, vous avez beau croire que vous êtes altruiste, vous vous trompez. Votre conception de la compassion ne concorde pas avec celle que s'en fait votre entourage.

C'est là que la perspective absolue (contraire à « relative ») de la voie mahayana peut vous aider. Cet aspect du cheminement consiste à regarder la réalité en face, autrement dit, à la voir telle qu'elle est. D'une manière générale, nous nous percevons comme un « moi » fixé – fixé par certaines opinions et convictions sur les moyens qu'il convient d'utiliser pour agir. Il arrive que notre entourage nous aide à agir comme nous le voulons, mais il arrive aussi que nous nous sentions projetés dans tous les sens comme une balle de baby-foot.

Grâce à ce que vous avez appris dans les chapitres précédents, vous savez maintenant (au moins à un niveau conceptuel) que ce sentiment figé du moi ne cesse de bouger. Vous savez que le monde qui vous entoure bouge lui aussi. Armé de cette connaissance, vous avez un choix à faire : soit lutter contre samsara, c'est-à-dire rester sur cette route glissante que vous avez dévalée toute votre vie et qui va finir par faire de vous une balle qui rebondit de façon incontrôlable, soit abandonner vos points de vue figés et appréhender ce monde sans faire passer votre voyage personnel avant tout le reste. Même si cela s'inscrit en faux sur ce que vous faites habituellement, dites-vous que lâcher prise et abandonner vos idées fixes, c'est extraire la flèche plantée dans votre œil. Ainsi délivré, vous cheminerez librement dans ce monde.

La pratique de la méditation, axée sur la suppression des points de vue et des idées fixes, et sur le rejet du voyage personnel, vous aide à extraire la flèche de votre œil et à vous débarrasser de cette vision fausse que vous avez de vous-même. Vous vous engagez alors dans un voyage spirituel qui vous permet de vous attaquer sans merci à votre ego en le dépouillant de ses schémas habituels. En outre, méditation et compassion feront basculer votre concentration sur votre moi, au profit de vos semblables. Vous cheminerez alors sur la voie mahayana absolue, axée sur la déconstruction de la dualité « moi et les autres », et vous pourrez vous appuyer sur votre bonté fondamentale.

Vipassana : la prochaine étape du voyage

il existe une méditation dans laquelle nous pouvons examiner la dualité « moi et les autres » que nous avons créée. C'est *vipassana*. Ce mot sanskrit peut se traduire par « vision supérieure ». Cette vision est considérée comme supérieure, car elle nous permet de regarder notre monde sans le recouvrir de notre moi et de nos opinions personnelles.

Imaginez que vous portez une magnifique paire de lunettes noires conçues par un designer. Ces lunettes ont des verres spéciaux qui colorent votre vision tantôt de passion, tantôt d'agressivité, tantôt d'ignorance. Tout dépend de ce que vous regardez. Cependant, lorsque vous arrivez à rester dans le moment présent, ces verres deviennent parfaitement transparents et vous permettent de voir le monde tel qu'il est. Vous le voyez de façon optimale, comme un endroit merveilleux, vivant, lumineux.

Nous savons que la pratique de shamatha est le meilleur moyen d'être présent au monde. Celle de vipassana nous permet, en outre, d'être présent à un niveau supérieur. Nous nous disons alors : « Formidable ! Maintenant que tu es ici et que tu vois les choses telles qu'elles doivent être vues, tu peux les examiner avec plus d'attention. » Autrement dit, que nous soyons ou pas sur notre coussin de méditation, nous ne sommes pas seulement dans le moment présent, mais nous étudions la nature de ce moment. En apprenant à examiner samsara, nous entrons dans la perspective mahayana absolue.

Ne vous faites pas de souci si vous n'avez jamais mis vipassana consciemment en pratique. Tandis que vous approfondirez votre méditation, vous constaterez très vite que sa présence se manifeste tout naturellement. Auparavant, vous vous efforciez de revenir à la respiration ; avec vipassana, vous aurez l'impression de côtoyer plus étroitement l'être que vous êtes. En outre, vous commencerez à percevoir la nature sensible du monde qui vous entoure, vous saurez à quel point vos pensées sont éphémères, et vous repérerez plus aisément les moments où vous risquez d'être harponné par une de ces réactions émotionnelles qui vous sont coutumières. Vipassana modifiera vos points de vue.

À l'issue de votre prochaine méditation, prenez le temps (une heure suffira) de voir de quelle manière vipassana influe sur votre vie. En vous préparant à partir au bureau, en nourrissant votre chien, en vous livrant à vos activités quotidiennes, repérez vos réactions spontanées. Certains moments vous plaisent-ils plus que d'autres ? Certaines choses vous répugnent-elles d'emblée ? Y a-t-il des moments où vous avez envie de vous refermer comme une huître et d'ignorer tout ce qui vous entoure ? Adoptez une position dépourvue de tout jugement et voyez quand et comment ces réactions primaires se manifestent dans votre existence. À la fin de cette heure de réflexion, examinez de quelle manière votre pratique de vipassana a augmenté votre perception des objets et des moments qui font partie de votre quotidien.

Jusqu'à maintenant, vous vous êtes entraîné à vivre dans le moment présent. Pour aller plus loin encore, vous devez étudier ce moment présent. Autrement dit, étudier sa nature. Ce faisant, vous découvrirez que ce moment n'est pas aussi figé et solidifié qu'il en a l'air. Vous pourrez, dès lors, vous détendre, car vous ne serez plus encombré de concepts et de certitudes. C'est une étape essentielle dans votre cheminement.

Vous n'explorez pas seulement mahayana en tant qu'homme ou femme altruiste, vous commencez à vous rendre compte que vous pouvez jouer avec l'espace et les aspects incommodants de votre vie. Le monde qui vous entoure est soumis à l'impermanence et ne cesse de changer, mais vous pouvez vous en réjouir et vous libérer de vos attentes. Vous surmontez enfin vos espoirs et vos peurs.

La prochaine étape de la voie mahayana pourrait vous sembler inquiétante. Lorsque vous avez pris place pour la première fois sur le coussin de méditation, c'était peut-être avant tout pour vous détendre. Vous vous sentiez bien dans cet aspect relatif de mahayana ; vous aviez plaisir à faire de bonnes actions et à ouvrir votre cœur aux autres. À présent, on vous demande de bondir dans un territoire mouvant et d'explorer la nature même de la réalité. On vous demande d'examiner à fond votre moi – autrement dit, d'ouvrir une boîte de Pandore bourrée de problèmes philosophiques.

Tandis que vous poursuivez cette route, vous devez néanmoins continuer à réfléchir aux qualités de douceur incarnées par le tigre, et à repérer les moments où vous risquez de tomber dans le piège du doute. Ce qui va vous permettre de mettre en pratique la vivacité du lion des neiges. En vous remémorant les qualités du tigre et du lion des neiges, vous vous donnez les outils nécessaires pour examiner votre notion du moi, ainsi que tout ce qui vous enthousiasme ou vous terrifie. Autrement dit : « tout ce qui n'est pas vous », c'est-à-dire le monde.

L'examen du moi

À travers l'histoire, chaque fois que des individus ont discuté de la notion du moi, ils ont développé une forte tendance à tomber dans des points de vue extrêmes. En Occident, de nombreuses écoles de pensée considèrent le moi comme un élément permanent. Cette notion porte le nom d'« éternalisme », soit l'idée que les êtres humains naissent, vieillissent et meurent et qu'après leur mort une essence d'eux-mêmes persiste pour l'éternité.

Lorsque j'étais au collège, le frère d'un ami intime est mort dans un accident de voiture dû à une conduite en état d'ivresse. Simon avait dix-sept ans. Comme on peut l'imaginer, sa famille, ses amis étaient anéantis. J'ai passé beaucoup de temps auprès de ses parents. Dans les semaines qui ont suivi, une idée a fait son apparition dans la famille, à savoir que Simon avait été rappelé par Dieu pour devenir un de ses anges. Comme aucun de nous ne pouvait expliquer logiquement pourquoi la mort avait frappé un garçon aussi gentil que Simon, cela nous rassurait de penser qu'il était monté au ciel pour y occuper une fonction supérieure.

Je n'ai aucune réserve à l'égard des personnes qui croient en Dieu, au ciel et aux anges. En fait, c'était réconfortant de voir combien cette croyance aidait la famille de Simon dans cette terrible épreuve. Pourtant, j'ai commencé à examiner la nature de ces idées, mettant ainsi vipassana en pratique. Je me suis souvenu des paroles de l'enseignement du Bouddha : « Viens et vois par toi-même. » Et j'ai examiné ce que, selon ma propre expérience, je pouvais prouver et ne pas prouver à propos de cette notion.

En réfléchissant à cette idée, j'ai découvert que je ne pouvais pas prouver qu'un dieu avait appelé Simon. Je ne pouvais pas prouver non plus qu'un élément solide avait quitté son corps et se trouvait quelque part. Puis j'ai pensé à mon vécu, et je me suis rendu compte que rien, dans mon entourage, n'était permanent. Je ne pouvais donc pas souscrire au point de vue éternaliste des parents du jeune homme. Dans mon examen de cette tragédie, la preuve que j'ai trouvée était à l'opposé de cette vision, car la mort de Simon était un rappel de l'impermanence de tout être et de toute chose.

Le nihilisme est une autre manière populaire de considérer le moi. Ce point de vue extrême est passablement fataliste. Le nihilisme, dans le sens traditionnel, est radicalement opposé à l'éternalisme. Le nihiliste prétend que rien, absolument rien, ne subsiste après la mort. Le corps est mort, point final. En conséquence, certains nihilistes croient qu'il est logique d'ignorer la souffrance du monde et de faire la fête à longueur d'existence.

Les gens qui souscrivent au nihilisme haussent les épaules devant les souffrances du monde ; ils se disent qu'il existe un plan universel et qu'ils ne peuvent contrecarrer ce plan d'aucune manière. Imaginez qu'un gars vous dise, avec désinvolture : « Je suis censé être redevenu célibataire. C'est mon karma, je ne puis rien y faire. » Comme s'il était persuadé qu'il était inutile de mettre son profil sur un site de rencontre ou de faire une quelconque tentative pour faire la connaissance d'une autre femme. Inutile d'avoir médité pendant des lustres pour savoir que c'est faux. Vivre dans le nihilisme, convaincu que l'on n'a aucun contrôle sur quoi que ce soit, est loufoque.

Bien que paraissant contradictoires, les notions d'éternalisme et de nihilisme s'accordent sur un point. L'éternalisme consiste à croire que nous avons un moi qui se prolonge après notre mort, et le nihilisme, que notre moi existe en cet endroit et en ce moment et que c'est tout ce que nous possédons.

Le point de vue bouddhiste se démarque de ces deux écoles de pensée. Il affirme qu'il n'y a pas de moi substantiel. Si nous examinons la réalité, nous constatons que l'éternalisme et le nihilisme représentent des versions extrêmes de l'espoir et de la peur. Espoir extrême de vivre éternellement sous une forme ou sous une autre ; peur extrême de périr à jamais. La notion bouddhiste, elle, nous conseille de ne pas nous laisser aller à l'espoir et à la peur, et de considérer le moi comme illusoire et vide de substance. Une fois supprimés cet espoir et cette peur extrêmes, nous pourrons entrer en contact avec notre sagesse innée.

L'intrépide garuda

Le moment est venu de faire la connaissance du fabuleux et intrépide garuda. Moitié homme, moitié oiseau, le garuda vole dans l'espace en niant la réalité de l'existence. Le garuda est intrépide parce qu'il plane au-dessus des soucis mesquins, des rivalités, de la souffrance et de l'affliction. Le garuda n'est pas empêtré dans le moi.

Le garuda applique vipassana à tout ce qu'il rencontre : il accepte ce qui se présente à lui et se laisse pousser par les vents. Il affronte toutes les situations avec une perception claire, jamais à travers les verres teintés du moi. Il ne se laisse pas submerger par l'espoir, la peur, la passion, l'agressivité et l'ignorance. Si nous en revenons à l'image traditionnelle des douze liens de causalité, disons que le garuda a extirpé la flèche qui était plantée dans son œil.

Lorsque vous commencez à examiner votre perception du moi et du monde qui vous entoure, vous entrez dans la voie mahayana absolue. Vous affrontez la réalité sans que votre vision soit altérée par une flèche plantée dans votre œil. Vous découvrez alors comment la passion, l'agressivité et l'ignorance vous poussent à adopter des croyances et des concepts extrêmes – ces aspects de votre esprit qui vous éloignent de la réalité.

Laissez tomber ces concepts et ces idées toutes faites sur ce que vous pensez être, sur ce que le monde devrait être, et sur la manière avec laquelle vous estimez devoir être traité. Une partie de votre exploration va vous permettre d'examiner la fluidité et l'impermanence de votre existence. Comme le garuda, réjouissez-vous dans les simples vérités de ce que vous êtes et, partant de là, découvrez la sérénité. Mettez fin à cette manie de vous concentrer uniquement sur votre moi et plongez dans cet endroit merveilleux et fascinant qu'est le monde.

15

Le vol intrépide du garuda

Avez-vous déjà rêvé que vous voliez ? C'est une sensation extrêmement libératrice. Lorsque, plongé dans le sommeil, je sais que je rêve, je me dis : « Hé, je ne suis soumis à aucune règle conventionnelle ! Pourquoi ne pas en tirer le maximum de plaisir ? » Alors, libéré de toute appréhension, je décolle et monte en flèche dans l'espace.

On dit que la plupart des grands maîtres de méditation avaient maîtrisé l'art de voler. Un des meilleurs exemples est celui du yogi tibétain Milarepa qui, grâce à son pouvoir de concentration méditative, avait atteint le niveau de l'accomplissement, ou *siddhi*, qui lui permettait de s'élever dans les airs, même lorsqu'il était éveillé.

Que l'on accorde foi à cette histoire ou que l'on soit sceptique, l'idée qui sous-tend ce phénomène est la suivante : avec un entraînement intensif, chacun peut s'élever dans l'espace, au moins métaphoriquement. Il suffit pour cela d'utiliser la méditation pour se libérer de concepts concernant ce qui est possible et ce qui ne l'est pas. Ce qui nous donne l'impression de nous déplacer dans les airs.

Dans les première et deuxième parties de ce livre, nous avons fait la connaissance de deux animaux terrestres : le tigre et le lion des neiges. Le tigre se déplace prudemment dans la jungle, étroitement lié à son environnement, agissant de façon réfléchie ; le lion des neiges bondit de montagne en montagne, plein de joie et de vivacité car il n'est jamais la proie du doute, mais il doit néanmoins revenir sur terre où se trouve sa demeure.

Pour aller plus loin dans notre investigation, examinons à présent le mythique garuda. Ici, nous laissons la terre ferme et nous nous mettons en quête d'un oiseau qui n'a strictement rien à voir avec le moineau de nos jardins. Je ne me trompe pas si j'affirme que vous n'avez jamais vu de garuda en chair et en os. Moi non plus. Le simple fait de tenter de visualiser cet animal de légende est une gageure.

Pas question donc d'apercevoir un garuda lors d'un safari. Par contre, nous pouvons l'imaginer tel qu'on nous le décrit. Cet être mi-homme, mi-oiseau, aux bras humains, possède un corps robuste, large ; son bec est puissant, ses serres coupantes. Comme il est né dans l'espace, il est prêt, dès qu'il ouvre les yeux, à s'élancer dans les airs. Il ne se pose jamais sur le sol ; il vole continûment au-dessus du monde. C'est de ces hauteurs qu'il observe d'un œil perçant la Terre qui se déroule en contrebas.

Le garuda n'est pas attaché à un sentiment conventionnel du moi. En conséquence, il est capable de voir très loin. Lorsque nous nous efforçons de suivre l'exemple du tigre, nous apprenons à examiner notre propre existence. Quand nous nous engageons sur la voie du lion des neiges, nous élargissons notre vision pour y inclure ceux que nous aimons, ceux qui nous sont indifférents, et ceux qui sont pour nous source de problèmes. Grâce à la bonté aimante décrite au chapitre 12, nous pouvons supprimer le clivage entre ces individus et leur offrir notre aide. C'est là qu'intervient le garuda : dans la mesure où il refuse de ne penser qu'à lui, il peut s'offrir continuellement à tous les êtres de ce monde.

Le garuda s'élève dans les airs et se détache de la terre. Il est si haut que ses amis et ses ennemis se confondent, comme une armée de fourmis. Il ne peut les distinguer les uns des autres. De toute façon, il ne le veut pas, car il enveloppe tous les êtres dans la même compassion. Le garuda vit bien au-delà des concepts figés ayant trait à ce que l'on peut faire et ne pas faire, et il ne fait aucune différence entre ceux à qui il apporte son aide. Il offre son cœur sans réserve, sans se préoccuper de ce que l'on dit de lui.

La nature de la peur

on dit que le garuda ne tombe jamais dans le piège de l'espoir et de la peur. À bien y penser, l'espoir n'est qu'un corollaire de la peur. Lorsque vous vous dites : « J'espère que j'arriverai à l'heure au bureau », ce que cela signifie vraiment, c'est que vous avez peur d'être en retard. Lorsque vous souhaitez que votre amoureuse vous aime autant que vous l'aimez, c'est parce que vous craignez qu'il n'en soit pas ainsi. Quand un courriel s'annonce et que vous espérez recevoir la bonne nouvelle que vous attendez, une partie de votre esprit craint qu'elle ne soit pas aussi bonne que prévu. Lorsque vous braquez un regard inquisiteur sur l'espoir, vous voyez très clairement qu'il est directement associé à la peur. Il est donc préférable, au lieu de penser que le garuda ne tombe jamais dans le piège de l'espoir et de la peur, de souligner son courage et son intrépidité.

Si on l'aborde d'un point de vue bouddhiste shambhala, le mot « intrépide » est tout à fait intéressant. Au premier abord, on pourrait penser que le garuda a maîtrisé la peur. C'est une erreur. Il y aura toujours des éléments, des événements dans le monde qui susciteront la peur. Dans toute l'histoire du bouddhisme, je ne crois pas que quelqu'un ait mis au point une philosophie ou une invention capable de minimiser les causes de la peur en ce monde. Si cela était, la dernière incarnation de ce génie devrait être recherchée et engagée aux Nations Unies.

Nous avons tous nos déclencheurs de peur. Si vous avez eu un accident de voiture, vous n'êtes même plus à l'aise dans un taxi. Si vous avez déjà ressenti le vertige, vous êtes terrifié à l'idée de monter au sommet d'un gratte-ciel, et peut-être même à bord de certains engins de parcs d'attractions. Si vous avez été le témoin de la lente détérioration du corps d'un ami malade ou âgé, vous avez peur de vieillir. En fait, vous avez sans doute peur de tout cela depuis toujours.

Chacun de nous connaît la peur, même les grands maîtres bouddhistes. La peur est un état émotionnel, et comme les maîtres bouddhistes sont humains, ils sont susceptibles d'y succomber comme tout le monde. En fait, ils la ressentent aussi puissamment que l'on ressent l'amour, la jalousie et le désir. Mais contrairement au commun des mortels, ils ne se laissent pas piéger par elle.

Le garuda connaît lui aussi la peur. Mais c'est un maître guerrier, il ne se laisse pas intimider par elle. C'est pourquoi nous disons qu'il est intrépide. Lorsqu'il est face à la peur, il étudie d'abord sa nature, puis fonce sur elle tête la première, pour ressortir de ce plongeon libéré et aussi revigoré qu'après une bonne douche. Le garuda est capable de naviguer aisément sur la peur, car il sait que le monde est une entité fluide et changeante. Il ne s'ingénie pas à consolider ses opinions sur le monde, car il sait que tout change. Ainsi délivré de toute attente, il peut accueillir et affronter la peur ; il peut même en faire une amie.

L'intrépidité, dans la tradition shambhala, consiste à travailler avec la peur lorsque celle-ci nous colle à la peau et à l'esprit. Elle nous exhorte à l'examiner d'abord, puis à la déconstruire. La question n'est pas de faire en sorte de la ressentir avec moins d'intensité, mais de s'engager dans un processus paisible de compréhension et, ensuite, d'utiliser la peur pour progresser dans la voie spirituelle.

Lorsque la peur apparaît, accueillez-la comme une vieille amie qui vient vous rendre visite après quelques années d'absence. Souhaitez-lui la bienvenue, essayez d'en apprendre le plus possible sur elle à chacune de ces visites, en vous disant qu'elle finira par s'en aller. Lorsque vous vous penchez ainsi sur elle, vous suivez l'exemple du garuda. Vous distinguez clairement la nature éphémère de la peur, autrement dit, son impermanence. Et vous êtes de moins en moins mal à l'aise et angoissé en sa présence.

Les vérités fondamentales du garuda

Quelques vérités fondamentales font partie du cheminement du garuda à travers la peur et vers la sagesse infinie : l'impermanence, l'instabilité, et la sérénité. Les trois chapitres suivants leur seront consacrés.

L'impermanence

Difficile de la nier. Même si vous restez parfaitement immobile, le monde qui vous entoure ne cesse de bouger. Comme moi, vous aimez sans doute faire une pause devant une fenêtre pour contempler le paysage. Surtout le matin, au réveil, durant les merveilleuses journées d'automne. Ce qui ne vous empêche pas de savoir que ce paysage délicieux est condamné au changement : ses couleurs chaudes vont se ternir, les feuilles des arbres vont sécher et tomber. Il en est de même en ce qui vous concerne. Vous n'avez pas besoin d'avoir un doctorat en sciences pour savoir que le temps passe et que votre corps et celui de vos proches vieillissent inexorablement. Un simple coup d'œil par la fenêtre vous oblige à faire face à l'évidence : tout ce qui vit change et meurt.

Vous n'êtes pas la personne que vous étiez il y a dix ans. Examinons cette vérité afin de voir ce que nous allons découvrir. La prochaine fois que vous méditerez, prenez quelques minutes pour vous reposer dans shamatha. Après ces quelques minutes, posez-vous cette question : « À quoi est-ce que je ressemblais il y a dix ans ? » Si vos souvenirs vous trahissent, laissez tomber les détails et essayez de vous faire une idée d'ensemble. Étiez-vous à l'école ? À l'université ? Au bureau ? À l'atelier ? Aviez-vous une relation sentimentale ? Quels étaient vos activités, vos passe-temps ?

À présent, voyez ce qui a changé au cours du temps. Inutile de vous casser la tête au sujet d'une éventuelle collection de timbres, dites-vous simplement : « Suis-je la même personne qu'avant ? Ai-je les mêmes préoccupations ? » Vous découvrirez vraisemblablement qu'il y a des aspects de cette personne qui vous caractérisent encore, même si certaines facettes de votre personnalité se sont modifiées.

Après cinq minutes de réflexion sur l'ampleur des changements survenus pendant ces dix années, pratiquez à nouveau shamatha, puis mettez fin à la méditation.

D'un point de vue scientifique, chaque cellule de notre corps meurt et est remplacée tous les sept ans. Autrement dit, même si vous occupez toujours le même emploi, buvez toujours le même café de Colombie, habitez toujours le même quartier, avez toujours les mêmes sempiternelles disputes avec votre voisin, vous n'en avez pas moins, au bout de sept ans, un corps différent. Même si vous vivez en reclus, même si vous vous faites tout petit pour échapper au changement, il finit toujours par vous retrouver.

Ce n'est pas parce que l'impermanence est une réalité incontournable que les changements sont nécessairement désagréables ou inquiétants. Il y a des moments où l'impermanence est une véritable bénédiction – comme lorsqu'on sort d'une mauvaise grippe, par exemple. Vous avez toujours eu une relation difficile avec un collègue, puis, à la faveur de nouvelles circonstances, voici qu'il devient votre meilleur ami. Votre appartement vous a toujours semblé terne, peu accueillant, et voici qu'il vous paraît soudainement agréable parce que vous avez un colocataire ou un chien. Le changement peut parfois être très rafraîchissant.

Le changement est le lot de tous. Il est souvent plus facile de reconnaître le changement chez soi que chez les autres. Par exemple, je trouve que ma mère n'a pas changé depuis quinze ans, mais mon entourage n'est pas du même avis et pense que j'ai du mal à accepter le fait qu'elle ait vieilli. Je ne suis certainement pas le seul à admettre difficilement ce genre de choses. Personne n'aime voir que papa et maman perdent leur jeunesse. Pourtant, le changement est indéniable, et nous devons en tenir compte, ainsi que de tout ce qui nous rappelle la réalité de l'impermanence.

Un des aspects de l'impermanence est la mort. Sakyong Mipham Rinpoché a écrit un texte destiné à une méditation sur la naissance. On peut y lire : « La mort est mon amie, la plus vraie de toutes, une véritable amie qui ne m'abandonnera jamais. » Contempler ainsi la mort le jour où un être vient de venir au monde peut sembler morbide.

Pourtant, si l'on y pense bien, la mort fait partie de l'existence, et le fait de nous rappeler qu'elle existe peut nous aider à vivre pleinement et à profiter du temps qui nous est donné sur cette Terre. La mort est une amie, car elle nous rappelle le caractère précieux et sacré de la vie.

Le garuda accueille sans réserve les vérités de l'impermanence et de la mort, mais il ne s'y attarde pas. Il ne se tracasse pas constamment à l'idée de perdre ses plumes ou d'être heurté par un avion. Au lieu de cela, il utilise sa connaissance pour tirer le maximum de sa vie et de ses relations avec son entourage et pour consacrer tout son temps au bien-être de l'humanité.

L'instabilité

Le fait de savoir que tout ce qui nous entoure est sujet au changement peut nous plonger dans l'anxiété. Même si nous savons très bien que toute relation sentimentale est impermanente, l'idée que notre partenaire pourrait nous quitter – ou mourir – nous est insupportable. En fait, si cette relation se rompt, nous avons l'impression qu'on tire le tapis sous nos pieds. Le haut devient le bas, la droite devient la gauche, et vice versa. Nous perdons pied.

Il est naturel de se sentir en déséquilibre quand on fait face à un changement soudain. Pour certains, perdre un emploi est un véritable tremblement de terre. Pour d'autres, l'effondrement survient à la suite d'une rupture. Pour d'autres encore, la maladie, le corps qui se détériore engendrent une terrible angoisse. Cette impression de se trouver sur un sol instable est inévitable. C'est la loi de l'impermanence.

Notre façon d'affronter l'instabilité tient une place importante dans la voie du garuda. Si nous examinons l'exemple qu'il nous donne, nous constatons qu'il ne s'accroche pas aux émotions fortes qui accompagnent l'instabilité. Lorsque le garuda perd son emploi, il ne panique pas, il ne s'écrie pas : « Oh, mon Dieu ! Je suis perdu ! » Non, il fonce tête la première dans le choc émotionnel et l'affronte avec courage et intrépidité. Pour lui, il n'y a ni chaos ni catastrophe. Au lieu de se crisper, il se détend. Puis il met de l'ordre dans sa vie, avec dignité.

La sérénité

Le fait d'affronter directement l'impermanence et l'instabilité apporte la sérénité au garuda. C'est sa troisième vérité.

Lorsque nous distinguons clairement les séquences de notre vie qui nous effraient, nous apprenons à lâcher prise. Nous cessons de nous accrocher à ce moi qui veut prendre notre existence en main. Comme le garuda, nous nous engageons sur une voie qui nous permet de chevaucher notre énergie vitale. Au lieu de nous laisser harponner par la peur ou par l'idée que nous nous faisons de ce qui doit être et de ce qui ne doit pas être, nous faisons face à tout ce qui se présente à nous avec une attitude franche et courageuse. Nous faisons face au monde avec sérénité.

Si nous pouvions voir le garuda voler dans l'espace, nous ne verrions certainement pas de panique dans ses yeux. Il plane au-dessus des sentiments ordinaires comme l'orgueil, et des émotions inutiles comme l'anxiété. Il ne se cache pas sous sa couette, il ne protège pas son cœur contre son entourage. Il ne se tisse pas un cocon pour s'y cacher. Il manifeste sa liberté et son ouverture au monde.

Suivez l'exemple du garuda, ne vous laissez pas subjuguer par l'espoir et la peur. Vous verrez ainsi clairement votre monde, vous verrez les problèmes qui vous guettent et vous les affronterez d'une façon franche et directe. Vous ne considérerez plus l'impermanence et l'instabilité comme des catastrophes, mais comme des occasions de rester en éveil. En vous montrant intrépide devant l'adversité, vous trouverez la paix véritable et la sérénité.

16

Préparez-vous à votre Bar Mitzvah bouddhiste

Quand vous ne changerez plus, ce sera la fin.
BENJAMIN FRANKLIN

Le prince Siddharta a été élevé à l'abri du spectacle de la souffrance. Pour lui, tout changement était positif. Son père s'assurait qu'il avait toujours des danseuses à admirer, et une couche moelleuse où se reposer. Lorsque des serviteurs du palais commençaient à montrer des signes de vieillissement, on les remplaçait. Si quelqu'un était malade, il disparaissait jusqu'au jour où il recouvrait la santé – s'il la recouvrait. Quand un habitant du palais quittait ce monde, on faisait tout simplement comme s'il n'avait jamais existé.

Imaginez une vie dans laquelle la vieillesse, la maladie et la mort sont inexistantes. Pensez à l'énergie dépensée dans l'effort nécessaire pour créer l'illusion que ces aspects de la vie ne sont tout simplement pas réels. Maintenant, imaginez le choc ressenti par notre ami Sid lorsque, dans la vingtaine, il s'est soudainement trouvé en présence de ces réalités. Personne ne lui avait jamais dit qu'il pourrait un jour être accablé par le vieil âge, et qu'il finirait par quitter ce monde. Imaginez sa stupeur si on le lui avait annoncé. Quoi qu'il en soit, c'est la découverte de ces réalités qui l'ont incité à entamer son voyage spirituel.

Cette histoire paraît sans doute abracadabrante à un grand nombre d'entre vous, et je peux le comprendre. Comment est-il possible qu'un être humain normalement constitué puisse ignorer l'existence du vieillissement, de la maladie et de la mort ? Pourtant, si vous approfondissez la question, vous devez bien reconnaître que notre société s'efforce elle aussi de réitérer l'illusion entretenue au palais de Siddharta. Nous sommes entourés de compagnies multimilliardaires qui se consacrent à la modification de l'apparence physique, mettant à la disposition de ceux qui le désirent divers moyens de rester jeunes et séduisants. Lorsqu'on est adolescent, on voudrait paraître plus vieux, et quand on avance en âge, on se jette sur les produits de beauté, ou on a recours à la chirurgie esthétique pour effacer ses rides. C'est aberrant. Puis on vieillit pour de bon et on se dit qu'on va se retrouver dans une résidence pour personnes âgées où l'on va rester séquestré jusqu'à la fin. Il y a de quoi être épouvanté par l'impermanence et par la mort !

Les *smartphones* meurent aussi

Il est évident que personne n'a envie de passer ses journées à ruminer sur la vieillesse et la mort, et à se dire qu'elles sont inéluctables. Ce sont des pensées plutôt déprimantes. Pourtant, si nous voulons faire face à la réalité, il est indispensable que nous reconnaissions et que nous examinions attentivement ces aspects de notre existence, ainsi que les peurs qui les accompagnent. Si nous voulons suivre les pas du garuda, nous devons impérativement voir la réalité telle qu'elle est. Pour cela, nous devons observer chaque élément de notre vie afin de découvrir s'il est transitoire, sujet au changement, ou impermanent.

Vous pourriez penser, par exemple, qu'un nouveau téléphone intelligent va vous rendre plus heureux car il va vous permettre de gagner du temps. Si vous êtes à l'extérieur du bureau, vous pourrez en effet vérifier votre courriel à tout moment. Le problème, c'est que votre relation au courriel va se modifier : vous consulterez votre messagerie à tout bout de champ. Si vous êtes au bureau, observez vos collègues quand ils entrent dans l'ascenseur. On pourrait croire qu'ils l'empruntent pour se rendre d'un endroit à un autre, mais non, ils semblent n'être là que dans le but de consulter leurs messages. Autrement dit, ils sont incapables de passer quelques minutes dans l'ascenseur sans se laisser submerger par leur crainte de manquer un message ! Ainsi, cet objet censé leur apporter quiétude et bonheur ne leur apporte qu'un surcroît de nervosité, voire d'anxiété. Et c'est ainsi jour après jour.

Il arrive que ce téléphone flambant neuf censé vous apporter le bonheur nous échappe des mains et se brise sur le sol. L'expression couramment utilisée pour illustrer le sinistre total de ce gadget est : « Il est mort. » Comme si cet objet était un être vivant ! Un être vivant dont vous ne pouvez vous passer. C'est effectivement le cas, vous ne pouvez vous en passer. Alors vous en achetez un autre et vous envoyez immédiatement un courriel à vos amis et connaissances pour leur dire : « Au secours, mon téléphone a rendu l'âme et je n'ai plus ton numéro ! Envoie-le-moi au plus vite. » Gageons que certains iront même jusqu'à vous présenter leurs condoléances.

Réveillez-vous ! Réfléchissez ! Vous ne voyez pas que ce comportement est ridicule ? Cet objet qui, selon vous, allait vous apporter une plus grande liberté ne fait que la limiter, au contraire. Il est devenu source d'anxiété. Soyons sérieux, un téléphone ne peut vous apporter une joie de longue durée, et il est absurde de penser que ce morceau de métal pourvu de touches et de fils puisse vous rendre heureux. Il est, comme tout chose en ce monde, soumis à la loi de l'impermanence. Il s'use, se brise, et meurt.

Soit nous nous accrochons à un monde illusoire et nous croyons que des éléments extérieurs (y compris des personnes) sont en mesure de nous apporter un bonheur stable et durable, soit nous reconnaissons une réalité toute simple : tout change, et nos relations aux êtres et aux choses changent aussi. Pour parler crûment : tout finit par retourner à la poussière.

La vérité simple de la mort

En matière d'impermanence, je crois que la mort est le changement qui nous terrifie le plus. Lorsque j'avais dix-huit ans, j'ai traversé une période très difficile. Tout a commencé avec la mort de ma grand-mère. Alors que j'essayais tant bien que mal de faire mon deuil, d'autres proches ont quitté ce monde eux aussi : mon professeur de gymnastique au secondaire, un élève de mon école, mon meilleur client dans mon emploi à temps partiel, mon professeur d'histoire, et mon oncle, le frère de mon père. Une des morts les plus douloureuses a été celle d'un gamin de huit ans que je gardais de temps à autre. Il revenait d'un terrain de jeu quand la voiture dans laquelle il se trouvait a été heurtée par un véhicule dont le conducteur s'était endormi au volant. Horrible.

À la fin de cette même année, huit personnes que je connaissais et d'autres que je chérissais avaient disparu. J'avais l'impression de porter malheur, comme si la mort me suivait, où que j'aille.

Lorsque j'y repense aujourd'hui, je me dis qu'il y avait, dans ce que j'ai vécu à cette époque, une similitude avec la Bar Mitzvah juive. Mais il s'agissait d'une Bar Mitzvah bouddhiste. Dans la tradition juive, la Bar Mitzvah est une cérémonie qui prend place dans la vie des garçons de treize ans et souligne la transition entre l'enfant et l'homme. J'étais manifestement en retard de cinq ans, mais mon passage de l'enfance innocente au sérieux âge d'homme s'est effectué par l'entremise de cette terrible année de deuil.

Le choix dont je disposais était simple. C'était le même que celui qui s'était offert à notre ami Sid. Ou bien je fuyais ces épreuves pour ne pas être exposé à la souffrance, ou je les affrontais et entrais ainsi en contact avec la vérité simple de la mort. J'ai opté pour la deuxième solution car j'avais compris, surtout à cause du décès brutal de mon petit ami de huit ans, que la mort peut frapper à tout instant. On peut vivre jusqu'à cent ans, mais on peut aussi être renversé par une voiture dans la fleur de l'âge.

C'est une réalité très dure, mais elle est inéluctable : tous ceux que nous aimons vont mourir. Il y a quelques mois, j'ai dirigé des sessions de méditation sur la mort. Les cours comprenaient un exercice durant lequel les participants, assis sur une chaise devant la classe, composaient leur propre notice nécrologique. Un par un, les élèves se sont installés sur cette chaise, ont respiré profondément et se sont connectés à leur cœur. «Je m'appelle Jean Béland. Je suis né le 9 décembre 1986, à Montréal, où j'ai grandi. Je mourrai moi aussi.»

Rien de lugubre dans cet exercice. Il s'agissait simplement de proclamer avec courage une vérité simple : nous venons au monde, puis nous mourons.

L'énergie présente dans la classe était quasi tangible. Le moment le plus mémorable s'est produit lorsqu'un jeune homme a prononcé son petit discours avec assurance. Il semblait confiant, détendu. Tandis que nous l'écoutions en silence, nous avons entendu quelqu'un pleurer. C'était sa fiancée. La jeune femme était sur le point de se lancer dans une nouvelle vie avec lui, et l'idée qu'il pouvait mourir la bouleversait. Cette réalité était déchirante, mais en fin de compte elle lui a permis de passer à un autre niveau d'appréciation de son futur mari.

Penchons-nous vers la mort

C'est une chose de penser à quoi ressemblera notre corps lorsque nous serons morts, c'en est une autre d'entendre le crissement des pneus d'une voiture arrivant vers nous à toute vitesse. Nous nous rendions chez un ami en flânant, rêvant à notre nouvelle petite amie, et voici que ce bolide s'est rué vers nous… et a tout juste eu le temps de freiner pour nous éviter. Nous étions glacés d'horreur, car nous venions de comprendre que la mort pouvait nous frapper à tout moment, sans avertissement. La réalité venait de nous rattraper et nous mettait en état de choc. Eh bien, si nous arrivons à insérer ce sentiment de fatalisme dans notre méditation, nous pourrons nous dire que nous avons franchi une étape importante.

Nous ne pouvons pas nous limiter à une intellectualisation de la mort. Si vous le faites, vous n'y serez pas préparé. Il y a quelques années, alors que je faisais mon jogging à Boston, j'ai perdu mon chemin. J'ai traversé une rue au feu rouge. Un petit autobus arrivait dans l'autre sens. Le conducteur roulait vite : il devait prendre des écoliers et était en retard sur son horaire. Nous sommes entrés en collision.

L'autobus s'en est tiré indemne. Quant à moi, je me suis relevé péniblement et j'ai poursuivi ma route avec une cheville foulée. Si j'étais tombé ne fût-ce que quelques centimètres plus loin, ma tête aurait heurté l'asphalte et j'aurais probablement eu une commotion cérébrale. J'en serais peut-être mort.

Quelques jours plus tard, j'étais en Allemagne, clopinant dans le hall d'une salle dans laquelle allait se donner une conférence sur le bouddhisme shambhala. Lorsque j'ai raconté l'incident à Richard Reoch, le président de l'association Shambhala, il m'a demandé ce qui m'était passé par la tête au moment de l'accident. Après y avoir réfléchi, je me suis rappelé avoir pensé : « Eh bien, voilà qui est intéressant. » Richard a souri et m'a dit : « Comme dernière pensée, c'était pas mal du tout ! »

Je me sentais passablement handicapé, mais la réflexion de Richard m'a fait du bien. J'ai attribué mon calme et mon sang-froid au moment de l'accident à toutes ces heures passées, sur le coussin de méditation, à penser à la mort et à essayer, plutôt que d'en avoir peur, de construire une attitude positive sur cette réalité.

À première vue, cela peut paraître morbide, mais il est important de prendre le temps de réfléchir à la mort et de convertir la compréhension intellectuelle que nous en avons en connaissance pratique du rôle qu'elle joue dans notre vie. C'est comme se préparer à un examen scolaire. On sait qu'on n'y échappera pas, mais on fait pourtant tout pour ne pas y penser ; on se distrait de mille manières. Conclusion, on arrive à l'examen mal préparé. Il est nettement préférable de l'affronter avec calme et une bonne préparation. C'est ainsi que le garuda fait face à la mort.

En fait, ce dont il est question, c'est d'explorer la relation entre la peur et la nature de la réalité. Lorsque nous examinons la réalité, nous voyons la peur précisément pour ce qu'elle est : une sorte de harpon émotionnel qui nous tire vers le bas. Le monde est fluide et changeant, et nous sommes constamment confrontés à ces harpons de peur. Nous avons beau essayer de nous décrocher, de nous échapper, nous devons faire face aux vérités inéluctables de l'impermanence et de la mort. Ce n'est pas le monde qui nous oblige à vivre dans la peur du changement et de la mort, c'est nous. Si nous voulons chevaucher notre énergie vitale, nous devons travailler sur ces éléments, ces expériences, et les approfondir.

Nous pouvons nous réfugier dans un palais virtuel, nous maquiller, cacher nos vieux dans des maisons de retraite pour tenter d'oublier la vieillesse et la mort, cela n'y changera rien. Nos donjons ont beau être très hauts, ils sont soumis eux aussi à l'impermanence. Tout comme ceux que nous aimons. Nous dissimuler ces réalités est une stratégie perdante.

On dit que le garuda proclame la réalité en s'élançant dans les airs. En d'autres mots, il proclame la vérité. Il reconnaît les aspects effrayants de sa vie – vieillissement, maladie et mort – et s'engage dans cette voie sans peur et le cœur éveillé. Au lieu de combattre ces vérités, il les accueille à bras ouverts.

Lorsque vous suivez les pas du garuda, vous vous libérez vous aussi de la recherche inutile et épuisante d'une sécurité illusoire. Ne luttez pas contre la réalité. Voir le monde clairement est une démarche libératrice. Lorsque vous vous inclinez devant votre impermanence et devant celle de tout ce qui vous entoure, vous appréciez le monde tel qu'il est. Et en acceptant l'impermanence et la mort, vous découvrez les aspects sacrés du moment présent.

17

Les noix de coco du réveil

Dans le jardin du bon sens, puisses-tu être bombardé par les noix de coco du réveil.
CHÖGYAM TRUNGPA RINPOCHÉ

Pendant toute sa vie, le garuda vole dans les airs et ne touche jamais terre. Son vol est empreint de grâce et de courage. Il est l'exemple même de l'entité capable de vivre sans s'agripper au sol. Autrement dit, il n'a nul besoin de sentir la terre sous ses pieds.

Pour la plupart d'entre nous, ce concept semble insensé, et l'idée que l'on puisse se sentir bien dans l'inconfort est paradoxale. Il n'est pas surprenant que vous considériez la sensation de perdre pied comme une situation insupportable et à éviter à tout prix. Notre société est axée sur le désir de contourner les aspects inconfortables de l'existence, mais si nous voulons suivre l'exemple du garuda, nous devons adopter une approche non conventionnelle. Nous avons déjà exploré un grand nombre de concepts différents, pourquoi ne pas tourner notre esprit vers l'examen attentif de situations inconfortables afin de voir de quelle manière nous pouvons y faire face sans appréhension.

Même si nous savons que tout change et que la mort est inéluctable, nous sommes rarement préparés quand elle frappe à la porte. Et nous nous sentons quasiment bombardés par un tas d'événements, comme Trungpa Rinpoché l'écrit dans un poème dont je vous ai offert un vers au début de ce chapitre. Vous vaquez tranquillement à vos occupations quotidiennes, évoluant dans votre jardin du bon sens et, tout à coup, une noix de coco vous tombe sur la tête ! Cette noix de coco peut prendre la forme d'un coup de fil de votre mère vous annonçant que papa vient d'être emmené à l'hôpital ; ou, un matin au réveil, votre amoureuse vous apprend qu'elle va vous quitter ; ou vous arrivez au bureau pour entendre un collègue vous dire que vous ne faites plus partie du personnel.

Quand une noix de coco vous tombe sur la tête, vous vous recroquevillez sous la douleur, vous demandant pourquoi vous avez été choisi comme récipiendaire. Pourquoi l'incertitude et le changement vous frappent-ils ? Vous peaufinez votre réaction aux coups durs pendant des années, mais tout s'écroule lorsqu'un changement inattendu s'annonce ! Vous êtes bouleversé. Votre première réaction est de vous replier sur vous-même. Vous vous mettez en boule, vous vous faites tout petit en espérant que le changement va vous oublier et s'abattre sur quelqu'un d'autre – ce qui n'est pas très logique puisque vous savez que l'impermanence est inhérente à la vie de tous les êtres.

Au lieu de réagir d'une manière aussi émotive, vous devriez suivre l'exemple du garuda : foncer tête la première dans toutes les situations déplaisantes qui se présentent. Quand une noix de coco vous tombe sur la tête, votre première réaction devrait être de mettre vipassana en pratique – soit découvrir d'où vient la fameuse noix de coco. En braquant un regard inquisiteur sur votre douleur et sur votre sensation de perdre pied, vous apprendrez une foule de choses intéressantes.

Revenons au premier exemple que je vous ai donné. Vous n'êtes pas sans savoir que la santé cardiaque de votre père est due à des années de négligence, et cela vous incite à prendre plus sérieusement soin de la vôtre. Deuxième exemple : votre amoureuse a décidé de vous quitter. L'occasion vous est donnée, dans un premier temps, de découvrir les raisons de cette rupture, puis de prendre la résolution de cultiver, à l'avenir, un autre type de relation. Enfin, troisième exemple, vous êtes renvoyé. C'est le moment de réfléchir sérieusement à vos états de service. Peut-être y a-t-il, dans votre façon de travailler, des éléments qui laissent à désirer. Si c'est le cas, tirez-en la leçon qui s'impose et modifiez vos habitudes.

En analysant avec soin ces types de situations inconfortables, vous affrontez deux points importants. D'abord, vous laissez tomber vos idées toutes faites concernant une situation. Vous savez déjà que vous ne devez pas vous laisser harponner par de fortes émotions. Le garuda, lui, est beaucoup plus lucide : il ne se laisse même pas piéger par les idées toutes faites qui sont la source même de ces émotions. En outre, en cessant de vous obstiner sur la manière dont, selon vous, les événements devraient se dérouler, vous mettrez fin à des années de réflexes réactionnels et vous commencerez à distinguer beaucoup plus clairement les raisons de vos inconforts.

La seconde démarche, lorsque vous portez un regard inquisiteur sur vos comportements, vous permet de vous ouvrir à une conscience élargie de chaque situation. Après avoir supprimé vos idées sur la façon dont les choses doivent se dérouler selon vous, vous supprimez de votre vie la passion, l'agressivité et l'ignorance. Vous ne dites plus : « Je pense que cela devrait se passer ainsi », vous allez beaucoup loin, vous abolissez le « je ».

À l'intérieur de cette conscience élargie, non teintée par votre regard voilé par le « je », vous percevez clairement la nature éphémère de votre inconfort. Comme tout le reste, les situations difficiles aussi bien que les émotions intenses qui les accompagnent sont impermanentes. Cette certitude devrait vous apporter une joie authentique. N'est-il pas libérateur de vous dire que les noix de coco qui vous tombent sur le crâne ne sont pas bien méchantes ? Comme toutes choses en ce monde, elles ne font que passer.

En braquant votre regard inquisiteur sur votre inconfort, vous disposez d'un outil supplémentaire pour le surmonter : votre cœur éveillé, ou bodhicitta. La voie du garuda permet de retrouver l'équilibre quand on perd pied, d'explorer les causes de ce déséquilibre, et de voir ces dernières pour ce qu'elles sont : impermanentes. Ensuite, il vous reste à les accepter, ce qui est un peu plus malaisé. Lorsqu'une situation pénible survient, ouvrez davantage votre cœur – même si cela vous est difficile. Cela vous permettra de faire front.

Si vous modifiez délibérément votre conception de l'inconfort, vous pourrez affronter toutes vos peurs. Il est essentiel de lutter contre votre inclination naturelle à vous refermer sur vous-même et à fuir le danger. Vous devez au contraire plonger tête la première dans vos peurs et laissez votre ouverture d'esprit les transformer en émotions supportables.

L'incertitude et l'inconfort ne sont pas nouveaux, ils frappent toutes les créatures depuis que le monde est monde. Une des idées les plus courantes sur la naissance de l'univers est le *big bang*. Cette théorie ne dit pas : « Les choses se sont passées comme prévu et sont devenues de plus en plus aisées avec le temps », elle dit qu'il y a eu une gigantesque explosion et que l'univers s'est créé à partir de là. Depuis cette explosion primordiale, de petites et de grosses explosions se produisent constamment. Dans votre monde, ce sont des tremblements de terre ou des tsunamis d'émotions, comme ce jour où vous êtes entré en collision avec un passant dans la rue et où ce passant vous a agoni d'injures. Accepter cette réalité avec un cœur éveillé, ou se crisper et la fuir, dépend de vous et de vous seul.

Le grand maître bouddhiste indien Atisha ne le savait que trop bien. Atisha a articulé et systématisé une approche de la bodhicitta connue sous le nom tibétain de *lojong*. *Lo* veut dire « esprit » – plus précisément « esprit qui pense » – et *jong* signifie « apprentissage », soit l'esprit qui veut apprendre, ou formation de l'esprit. Atisha a prononcé 55 mots d'ordre *lojong* qui encouragent l'esprit à cultiver la bodhicitta et aident le pratiquant à trouver des moyens de réagir sainement devant un monde explosif et tourmenté par les contretemps et les catastrophes.

Un des mots d'ordre d'Atisha était : « Quand le monde est hanté par le mal, transforme toutes tes mésaventures grâce à la voie du boddhi. » Le mal a plusieurs visages. Il y a le mal de la tyrannie et de l'oppression, et le mal que l'on commet quand on médit de quelqu'un. « Mal » est un terme très subjectif. En ce qui nous concerne pour l'instant, considérons que le mot d'ordre d'Atisha souligne le fait que le monde est plein de confusion et que l'inconfort qui nous oppresse résulte directement de cette confusion.

Si nous partons de l'hypothèse d'Atisha sur l'inconfort, nous pouvons considérer toutes les circonstances négatives qui se présentent comme autant de possibilités. En suivant la voie du boddhi, ou la voie d'ouverture, nous pouvons dès lors transformer toutes les mésaventures qui surviennent dans notre existence en possibilités de faire preuve de courage et d'intrépidité. En adoptant la vision d'Atisha, nous détournons délibérément notre esprit de cette conviction voulant que perdre pied soit une situation à éviter. Au lieu de cela, nous accueillons l'incertitude. Nous savons que nous pouvons utiliser tous les changements qui surviennent dans notre vie comme des occasions d'ouvrir davantage notre cœur. Autrement dit, nous accueillons les noix de coco qui nous bombardent le crâne comme des occasions de nous éveiller à la réalité. Le résultat de ce changement de vision – quoi qu'il nous arrive – c'est que nous pourrons désormais considérer chaque moment de notre vie comme une possibilité de cultiver notre humanité et notre douceur.

Le courage et l'intrépidité du garuda exercent une fascination sur son entourage. Vous vivrez comme lui si vous restez curieux et ouvrez largement votre cœur – même lorsque les événements deviennent intenses ou effrayants. Si vous y parvenez, vous exercerez vous aussi une fascination positive sur votre entourage, pour la bonne raison que les gens sont attirés par ceux qui vivent pleinement. C'est ce que fait le garuda en restant ouvert au monde qui l'entoure. Il vit chaque moment du présent et tire le maximum de son précieux statut. Comme il est ouvert à tout ce qui survient dans sa vie, il voit son univers avec une grande clarté. Il ne fuit pas l'inconfort, reçoit toutes les possibilités ; il accueille les bonnes circonstances et ne repousse pas les moins bonnes, car il est ouvert à tout. Il est boddhi.

En tibétain, le terme *ziji* décrit un type particulier de courage. *Zi* veut dire « brille », et *ji*, « splendeur ». En d'autres mots, le guerrier qui vit avec courage et intrépidité exsude la dignité et irradie la splendeur – comme s'il ne pouvait contenir à l'intérieur de lui-même le rayonnement de son propre cœur. Et chacun perçoit ce rayonnement.

Une traduction plus simple de *ziji* est « confiance lumineuse ». Vous pouvez associer directement cette confiance à votre vie au lieu de vivre et de mourir dans la peur.

Vous pouvez vous exprimer avec la voix du cœur, sachant que quelles que soient les blessures que d'autres pourraient vous infliger, celles-ci ne seront que temporaires et impermanentes. Vous pouvez avoir l'assurance que bodhicitta vous aidera à vous adapter à tout ce qui pourrait survenir.

Vous devez également témoigner de cette confiance en lâchant prise. La voie du garuda est axée sur ce concept. En suivant cette voie, vous apprendrez à museler votre sentiment figé du moi et à relâcher vos attentes. Vous démolirez le piège de l'espoir et de la peur, un piège qui vous a gardé prisonnier pendant une grande partie de votre existence. Cette démarche vous permettra de laisser derrière vous toutes les craintes que vous avez encore à propos de l'impermanence et de la mort. Même lorsque votre vie basculera et que vous aurez l'impression de perdre pied, vous pourrez saisir l'occasion qui vous est donnée de vous envoler dans l'espace sans limite. Vous entrerez alors dans le royaume du garuda.

Lorsque vous desserrez cette emprise néfaste sur votre vie, vous entamez deux apprentissages. Le premier consiste à abandonner vos attentes. Vous oubliez les réactions qui ont toujours été les vôtres, ainsi que les stratégies auxquelles vous avez recours pour supporter la douleur, les déceptions et le chagrin. Vous anéantissez le sentiment du moi qui vous a paralysé et vous a empêché de vivre pleinement.

Le second apprentissage consiste à apprendre à vous détendre. Vous consacrez tant de temps et d'énergie à protéger votre moi que vous n'avez pas la moindre idée de ce qui arriverait si vous laissiez tomber votre armure protectrice. C'est pourtant ce qui se produit lorsqu'on pratique ce qu'on appelle la relaxation. C'est comme chercher un programme à la radio : quand on l'a trouvé, la musique s'écoule tout naturellement. On peut dire la même chose de notre désir de lâcher prise en ce qui concerne nos attentes : nous nous branchons sur ce qui est, sans plus, et notre monde s'exprime merveilleusement bien. C'est comme une symphonie de joie et de courage qui aurait été composée rien que pour nous. Nous pouvons, dans cet espace infini, nous détendre totalement.

Lorsque vous cessez de courir d'un coin à l'autre et que vous vous installez sur votre coussin de méditation, vous êtes présent à votre respiration. Vous êtes en harmonie avec le présent tel qu'il est. Si vous appliquez ce principe d'ouverture à vos activités quotidiennes, vous verrez le monde avec plus de clarté. Vous utiliserez votre esprit inquisiteur pour découvrir comment sont réellement les êtres et les choses qui vous entourent. Vous ouvrirez votre cœur et vous lui permettrez d'englober le monde entier et, dans ce monde, tout ce qui est bon aussi bien que tout ce qui l'est moins. Dans cette ouverture extraordinaire, vous ne vous accrocherez plus aux étiquettes, ni aux attentes, ni aux émotions qui en résultent. Vos problèmes ne seront plus des problèmes, ce seront des possibilités d'éveil. Les noix de coco vous tomberont sur le crâne et cela vous réjouira : vous y verrez une possibilité de cultiver la large vision du garuda ! Une merveilleuse occasion de cultiver la sérénité.

18
Ouvrez votre esprit aux actions subtiles

Mon esprit est vaste comme le ciel, et mes actions ont le parfum subtil des graines de sésame.
PADMASAMBHAVA

Le monde ne cesse de changer, et nous avons souvent l'impression que le chaos y règne. Toute notre vie, nous sommes bombardés de rappels concernant le changement, le vieillissement, la mort. Des projets parfaitement peaufinés se cassent le cou, et nous devons bien admettre que nous ne sommes pas les entités solides et stables que nous avons rêvé d'être dans notre jeunesse.

Une fois cette réalité reconnue et acceptée, nous pouvons enfin laisser tomber nos idées toutes faites sur ce que doivent être les choses, et les voir enfin telles qu'elles sont. Lorsque nous comprenons cela, nous sommes prêts à suivre les traces du garuda ; nous pouvons nous détendre dans notre nouvelle ouverture au monde et apprécier la vie dans toute sa complexité. Il n'est pas nécessaire d'avoir le bec et les ailes puissantes du garuda pour y parvenir, nous pouvons incarner ces qualités dans le cadre de notre quotidien : heures de bureau, vie familiale, appareils électroniques, sorties et loisirs.

Au bureau

À la fin d'un week-end agréable, vous éprouvez souvent une sorte de vide, et l'idée d'aller au bureau le lundi vous pèse. La raison pour laquelle vous gâchez parfois les dernières heures de la soirée du dimanche n'a pourtant rien à voir avec la réalité – celle de votre présent immédiat. Même si vous regardez un film amusant, vous ne pouvez vous empêcher de penser au lendemain ; votre esprit est déjà au bureau. Ce n'est pas la perspective du travail qui vous procure ce malaise, c'est l'idée que vous vous en faites.

Au lieu d'adopter l'idée courante voulant que le bureau soit un véritable boulet, pourquoi ne pas voir votre travail comme une source de contentement ? Vous pouvez y arriver si vous le considérez comme un moyen de mettre en pratique la force du garuda. Il vous suffit d'abandonner vos idées toutes faites sur le travail. Pourquoi, au moment d'enfoncer votre carte dans la pointeuse en vous disant : « J'ai peur de ce qui m'attend », ne vous donnez-vous pas la possibilité d'en décider vous-même ? En d'autres mots, pourquoi ne pas considérer votre journée d'école ou de bureau comme une occasion de « travailler » sur ces schémas d'espoir et de peur qui vous empoisonnent la vie ?

Au lieu de tomber dans ce piège, utilisez plutôt vos heures de classe ou de bureau pour jeter un regard inquisiteur sur vos états émotionnels. Gardez l'esprit ouvert aux possibilités qui pourraient se présenter, et si vous vous laissez harponner malgré tout par l'espoir et la peur, efforcez-vous de disséquer ces émotions envahissantes. Si vous sortez d'une réunion en vous disant que tout ne s'est pas passé comme vous le désiriez, examinez cette impression négative et voyez si elle a vraiment des raisons d'être. Si ce n'est pas le cas, lâchez prise.

Vous débarrasser de vos idées toutes faites sur ce qui est ou devrait être vous permettra de vous reconnecter à la réalité avec un esprit ouvert. Dès lors, vous serez prêt à accueillir toutes les possibilités qui s'offrent à vous. S'il existe, dans vos heures de bureau, une situation ou un moment que vous essayez constamment d'éviter, laissez tomber l'idée fausse que vous vous en faites et penchez-vous attentivement sur le problème. Décortiquez-le. Vous serez surpris de constater que vous ne le craignez pas autant que vous ne le pensiez – et que vous appréciez beaucoup cette analyse. Vous voyez alors de nouvelles possibilités se développer autant sur le plan spirituel que professionnel.

À la maison

Après avoir été en contact avec quelques personnes plus ou moins difficiles, vous vous apercevez que le fait d'avoir réussi à œuvrer avec elles dans un esprit positif vous aide considérablement dans votre quotidien. Lorsque vous êtes seul à la maison et disposez d'un peu de temps, gardez l'esprit ouvert et curieux. Ne vous effondrez pas devant la télé. Reposez-vous dans votre espace et jouissez du temps qui vous est offert.

Un bon moyen d'appliquer les enseignements du garuda dans votre foyer est de suivre le conseil de Padmasambhava : garder l'esprit ouvert tout en étant précis dans vos actions. Certaines personnes aiment croire que si elles s'immergent jusqu'au cou dans les préceptes philosophiques du bouddhisme – notamment le rejet du moi – elles iront véritablement à l'essentiel. L'efficacité de cette compréhension conceptuelle de la réalité est loin d'être évidente. Ces personnes finissent par se montrer peu aimables avec leur conjoint(e), et leur évier est souvent rempli de vaisselle sale.

Le fait que le garuda soit capable de s'élever dans les airs et ne se laisse jamais empêtrer dans des idées conventionnelles ne signifie pas qu'il peut faire ce que bon lui semble et ignorer cc qui se passe autour de lui. Il est en contact étroit avec son monde. Au lieu de vous borner à une compréhension intellectuelle de ses enseignements, efforcez-vous de maintenir votre méditation vipassana quand vous quittez votre coussin. Vous aurez alors une compréhension tangible de la réalité, et vous pourrez utiliser les enseignements du garuda pour ouvrir plus largement votre esprit à l'espace – tout en restant en mesure d'affronter les réalités quotidiennes dans vos relations et dans votre foyer.

Rappelez-vous, par exemple, ce que vous avez ressenti au retour de votre dernier voyage. Ce n'était peut-être qu'un long week-end, mais dès votre entrée dans la maison, vous avez immédiatement remarqué un changement, disons, dans la cuisine. Quelques verres se trouvaient sur la table – sans doute aviez-vous oublié de les ranger avant de partir – et une couche de poussière s'était accumulée sur la cuisinière…

Avant même de réfléchir à l'état dans lequel vous pensiez retrouver cette cuisine, prenez un moment afin de la voir telle qu'elle est réellement. En l'examinant en détail, souvenez-vous des pensées qui étaient les vôtres au moment de la quitter. Ensuite, restituez-lui l'ordre et la propreté que vous appréciez.

Bravo. Vous avez été capable de vous empêcher, physiquement, de voir le désordre, puis vous avez vu votre maison selon une perspective toute neuve. En suivant l'exemple du garuda, vous pouvez reposer votre esprit à tout moment et vous engager dans la même démarche. Avant d'entrer dans une pièce, laissez vos idées toutes faites à la porte, et voyez cet endroit tel qu'il est réellement. Appréciez-vous ce que vous voyez ? Aimeriez-vous changer des objets de place ? Restez dans cette ouverture d'esprit et, lorsque vous aurez analysé la situation, mettez vos gants de caoutchouc et faites le ménage.

Maintenant, voyez comment orner vos murs, mais faites ce que ferait le garuda. En temps normal, vous feriez le tour de la maison en donnant de grands coups de marteau dans les murs pour y accrocher des tableaux, à différents endroits, à différentes hauteurs, sans jamais être satisfait du résultat. Changez de formule. D'abord, prenez le temps de vous détendre, chassez de votre tête toute idée préconçue sur la décoration. Observez les murs comme le garuda observe le paysage qui se déploie devant lui. Parcourez les pièces de votre maison avec un état d'esprit aussi vaste que le ciel.

Après quelques minutes de réflexion, soyez attentif aux sentiments qui émergent en vous. Un certain endroit de la maison vous attire ? Allez-y, n'hésitez pas. Si vous avez l'impression que c'est là que vous devez accrocher une œuvre d'art, le moment est venu de vous engager dans une action aussi subtile que le parfum d'une petite graine. Prenez un ruban à mesurer, déterminez l'endroit où planter le clou, puis exécutez votre projet avec soin et précision.

Grâce à l'esprit vaste du garuda, des actions incroyablement précises et subtiles se manifestent. Cette façon de vous rattacher au monde peut débuter à la maison, mais elle peut se prolonger à tout ce qui fait partie de votre vie.

Vos appareils électroniques

Il y a quelque temps, notre société moderne a commencé à devenir incroyablement dépendante d'une série de gadgets électroniques. Jadis, lorsqu'on se perdait en chemin, on ne pouvait compter que sur une carte routière ou sur l'amabilité d'une personne prête à nous indiquer la route – en espérant qu'elle la connaissait. De nos jours, il suffit de suivre les indications de notre GPS ou de consulter notre *smartphone* pour trouver la bonne direction.

Il y a peu de choses sur lesquelles on peut vraiment compter dans la société actuelle, et l'électronique en fait partie. Nous savons que tout est impermanent, et il en est de même pour ces inventions auxquelles nous avons si aisément recours. Nos fameux gadgets tombent en panne, ou ils se brisent. Nous savons cela, et pourtant nous sommes étonnés, voire en colère, quand la technologie sur laquelle nous pensions pouvoir compter tombe sous la loi des forces de la nature qui régissent tout ce qui est.

Étonnant de penser que cette technologie qui nous permet d'entrer facilement en contact les uns avec les autres rende nos communications mutuelles moins claires et moins fiables. Il arrive que nous recevions un message et que, après plusieurs lectures, nous ne sachions toujours pas ce que notre correspondant a vraiment voulu dire ! Il plaisante ? Il est fâché ? Il nous en veut ? Mystère.

Étant donné la prédominance de la technologie dans notre société, il est difficile de faire fi des appareils offerts sur le marché. Nous possédons tous plusieurs gadgets que nous considérons comme utiles, car ils nous facilitent la vie, mais il arrive aussi qu'ils nous la compliquent – sans compter qu'ils finissent, un jour ou l'autre, par rendre l'âme.

La voie du garuda nous invite à adopter divers appareils – ordinateur portable, téléphone portable, télévision – à condition que l'espoir et la peur n'y soient pas attachés. Nous pouvons posséder les derniers gadgets en date et les utiliser pour ce qu'ils nous offrent, tout en reconnaissant leur nature périssable. Comme une nouvelle relation ou un nouvel emploi, ces nouveaux jouets ne nous apportent pas nécessairement le bonheur. Sachant que la joie authentique découle du fait d'être présent à tout ce qui survient dans notre vie, il dépend donc de nous de découvrir le meilleur moyen d'utiliser la technologie de telle sorte qu'elle nous aide à tendre vers ce but ultime.

Vos Sorties

Vous pouvez être un bon bouddhiste et sortir tous les samedis soir. L'important n'est pas de consulter votre esprit méditatif quand vous enfilez votre veste et passez la porte, mais de l'emmener avec vous où que vous alliez. En gardant l'esprit ouvert, vous verrez la réalité plus clairement et vous agirez avec décence et rationalité.

Si vous accompagnez des amis dans un bar, essayez de voir pendant combien de temps vous êtes capable de garder votre tête libre d'idées toutes faites. Il est possible que vous commenciez immédiatement à observer ceux qui vous entourent. Arrivent ensuite les conclusions primaires : « Elle a l'air d'être passionnée, j'ai envie d'elle » ; ou « Elle l'air stupide, fuyons » ; ou encore « Impossible de voir si elle porte une alliance. Je n'insiste pas. »

Quand vous vous approchez du bar, soyez détendu et simplement présent à ceux et à celles que vous y retrouvez. Accueillez sereinement la soirée, contentez-vous d'être aimablement disponible. Si vous vous retrouvez dans une situation scabreuse, vous saurez de quelle façon agir si elle dégénère.

Quand vous gardez l'esprit ouvert au lieu d'être obsédé par l'idée d'avoir une soirée parfaite, vous finissez par passer un moment très agréable, non parce que vous avez manœuvré pour qu'elle le soit, mais parce que vous vous êtes montré détendu et ouvert à toutes les possibilités. En fait, lorsqu'on essaie de « fabriquer » du plaisir, on se casse le nez. C'est en restant détendu et ouvert à ce qui se présente que l'on est en mesure de profiter pleinement de tous les moments.

Prenons, par exemple, le réveillon du Nouvel An. Chaque année, des gens font une foule de projets qui, selon eux, vont maximiser leur potentiel de plaisir. Soit ils invitent de nouvelles connaissances, soit ils se précipitent d'une soirée à l'autre… Et quand sonnent les douze coups de minuit, ils sont surpris de ne pas vivre un des plus beaux moments de leur existence ! Pas étonnant que leurs nombreuses attentes n'aient produit que déception. Ils se sentent largués, et seuls. Année après année, des milliers de personnes conceptualisent une expérience qu'ils considèrent comme agréable et essaient en vain d'en faire une réalité, sans comprendre que si seulement ils se montraient un peu plus détendus dans l'idée qu'ils se font d'un réveillon parfait, ils passeraient sans doute une soirée merveilleuse.

Au Nouvel An prochain, je vous suggère de rester ouvert à tout ce qui survient et de laisser tomber vos idées toutes faites sur ce que cette soirée devrait être. Même si vous savez comment elle débute, glissez-vous dans ce qui suit sans essayer de deviner où vous vous trouverez à minuit. Jouissez du moment présent avec vos proches et de vieux amis, soyez ouvert à de nouvelles rencontres.

Et, de grâce, n'essayez pas d'avoir une soirée « formidable ». Contentez-vous de la laisser venir à vous. Voyez quelles sont vos attentes avant d'entrer quelque part, puis oubliez-les. Détendez-vous. Si vous suivez mon conseil, votre soirée sera fantastique.

Lorsque nous suivons la voie du garuda, nous apprenons à garder l'esprit largement ouvert dans chaque situation : au bureau, en classe, à la maison, en compagnie de ceux et celles que nous aimons, avec nos appareils électroniques, et lors de nos sorties. Nous vivrons tout cela avec joie et succès si nous maintenons, avec la sérénité du garuda, un équilibre dans notre compréhension du monde qui nous entoure.

Si vous arrivez à ouvrir largement votre cœur et votre esprit, vos gestes et vos actions couleront de source. Suivez les conseils de Padmasambhava et gardez l'esprit ouvert afin d'accomplir des actions subtiles qui bénéficieront autant à notre entourage qu'à vous-même. Inutile de planifier chaque minute de vos journées. Laissez-vous glisser dans le flot de la vie et détendez-vous en toute liberté.

Quatrième partie

Détendez-vous dans la magie

19
Chantez le chant du vajra sous la douche

La magie est en moi.
RIVERS CUOMO

La bonté fondamentale est la condition nécessaire pour la réussite de toutes nos actions. En étudiant les dignités du tigre, du lion des neiges et du garuda, nous avons appris, essentiellement, à nous raccorder à notre sagesse innée et à utiliser notre boussole morale. Cette sagesse et cette moralité, associées aux trois dignités, nous aident à nous connecter au monde et à ouvrir notre cœur à nos semblables. Le moteur de nos activités quotidiennes a toujours été et sera toujours notre bonté fondamentale.

Le thème commun à chaque dignité est le retour constant à notre présence aux choses et aux êtres, à tout moment. Cette présence est indispensable si nous voulons être heureux dans notre vie quotidienne. Pour apprendre à aider ceux qui nous entourent, nous devons exercer cette présence de manière à découvrir comment agir afin que notre aide et notre soutien soient efficaces. Notre exploration de ces trois dignités ne cesse de renforcer notre désir et notre volonté de nous raccorder à ce qui se passe autour de nous. Quand nous nous investissons dans ces moments, nous nous connectons à notre bonté fondamentale.

Un tournant se produit, cependant, lorsque nous entrons dans la voie de la quatrième dignité, celle du dragon. Nous nous éloignons alors de l'apprentissage dans le but d'être totalement nous-mêmes, pour apprendre à nous détendre et à *être* dans le monde. Lorsque nous suivons les traces du dragon, nous sommes parfaitement présents à notre existence grâce à la manifestation constante de notre sagesse innée. Nous apprenons à laisser couler librement notre bonté innée. Plus important encore, nous utilisons tout ce qui nous entoure, êtres et choses, comme autant d'occasions d'exercer cette bonté.

Nous voici dans le royaume des enseignements du vajrayâna, qui se situent dans la même ligne que la tradition mahayana, en ceci que notre compassion doit englober tout être vivant en ce monde. Autrement dit, tout en respectant la discipline du hinayâna, qui consiste à prendre soin de soi-même, nous devons nous conformer à l'idéal mahayana qui est de mener une existence qui soit bénéfique aux autres. Cependant, le vajrayâna ne consiste pas seulement à savoir comment traiter avec douceur et bienveillance nos proches et notre entourage. Notre patron assommant ou notre partenaire peu engagé ne sont pas les seuls à être qualifiés pour jouir de cette douceur. Le vajrayâna est axé sur l'intérêt que nous portons à tout un chacun et sur la volonté de considérer tout être et toute chose comme autant de possibilités de rester en éveil.

Lorsque vous explorez le vajrayâna, cette observation concerne aussi votre *gin & tonic* du vendredi soir ; ou cette barre de chocolat que vous cachez dans un tiroir de votre bureau ; ou cette rengaine que vous fredonnez sous la douche. En bref, tout ce que vous faites dans la journée est une occasion de mettre le vajrayâna en pratique. Même si votre chant ne s'adresse qu'à la pomme de douche, vous manifestez, ce faisant, votre bonté fondamentale.

La voie du vajrayâna est axée sur l'intérêt que l'on doit porter à ces petits problèmes du quotidien que l'on a tendance à contourner ou à ignorer. Il faut au contraire les examiner de près et se demander : « Comment puis-je exprimer ma sagesse innée en ces circonstances précises ? » ou « Comment puis-je démontrer la qualité de mon éveil ? » Examinez les aspects de votre vie que vous considérez généralement comme désagréables ou malsains, et transformez-les en possibilités de stimuler votre esprit méditatif.

Vous vous demandez quel lien existe entre une rengaine sentimentale chantée sous la douche et votre bonté fondamentale ? C'est pourtant simple : cette expérience est bénéfique. Pensez à ces moments où vous êtes seul et où vous vous dites que personne, à part vous, n'est là pour vous juger. Êtes-vous, dans ces moments-là, vraiment ouvert et libre, ou êtes-vous au contraire en proie au doute et à l'autocritique amère ? Essayez-vous de restreindre l'élan de votre cœur ?

Lorsque vous tentez de voir si vous êtes en contact avec votre bonté innée, vous pouvez mettre en pratique la douceur du tigre en ne vous jugeant pas et en utilisant chacun de vos regards inquisiteurs comme une occasion de célébrer les progrès que vous avez accomplis depuis que vous avez commencé à méditer. Efforcez-vous d'être aimable envers vous-même et de conserver une attitude dénuée de tout jugement.

Vajrayâna est un terme sanskrit que l'on pourrait traduire par « véhicule indestructible ». Cette appellation de « véhicule indestructible » n'est pas seulement une expression propre au style de vie bouddhiste. Elle met surtout l'accent sur un aspect de nous-mêmes sur lequel nous n'arrivons pas à raisonner, et que nous tentons d'oublier ou d'ignorer. La voie de vajrayâna concerne la compréhension et l'expression d'un élément absolument indestructible : notre propre éveil.

Vous avez probablement entendu prononcer – en relation avec le vajrayâna – le mot *tantra*. Ce véhicule porte également le nom de *tantrayâna*. Une des définitions de *tantra* est « continuité ». Lorsque le terme est utilisé dans ce sens, il a trait à la continuité de l'éveil. La voie de tantrayâna est axée sur une ouverture d'esprit constante et un contact étroit avec notre bonté fondamentale. Ce qui veut dire qu'il est important de ne pas interrompre notre pratique méditative, de rester constamment en symbiose avec notre cœur, et d'agir en conséquence. Si vous êtes capable de rester en éveil et attentif à chaque aspect de votre existence, vous pouvez vous dire que vous êtes sur le chemin de l'illumination.

Après avoir médité pendant plusieurs mois, voire plusieurs années, vous pourriez avoir l'impression de ne pas être éveillé à chaque aspect de votre vie. Si c'est le cas, dites-vous que vous n'êtes pas le seul à ressentir ce manque. En fait, la plupart des méditants restent difficilement ouverts de cœur et d'esprit, même lorsqu'il ne s'agit que de fredonner un air des *Spice Girls* sous la douche. Pourquoi ? Parce qu'ils n'ont pas encore réussi à développer une confiance profonde en leur bonté fondamentale.

Dans un certain sens, les enseignements bouddhistes shambhala sont très simples. Par l'entremise des quatre dignités, nous restons ouverts à l'existence et gardons le contact avec le moteur de notre activité altruiste grâce à l'ouverture de notre cœur. Nous ne cessons de revenir à la source de cette capacité d'ouverture, qui découle du fait que nous sommes fondamentalement bons.

Cependant, même si nous nous efforçons d'avoir une vie saine et généreuse, nous ne sommes pas nécessairement convaincus que nous incarnons, au fond de nous-mêmes, la bonté fondamentale. Pourtant, si nous voulons suivre l'exemple du dragon, nous devons avoir pleine confiance en cette bonté innée. Être un *pawo*, un être de courage et de bravoure, c'est avoir le courage de rester sourd aux voix insistantes de la société qui nous chuchotent à l'oreille, depuis toujours, que nous ne sommes pas assez bons, pas assez beaux, pas assez intelligents. Nous devons démanteler patiemment cette tendance à douter de nous-mêmes et à nous dénigrer.

Un des bons moyens de penser à cette dignité est de comparer votre position sur la voie de l'éveil au déroulement d'une pelote de laine. Vous avez enroulé si serré votre sentiment du moi qu'il vous est difficile d'imaginer la possibilité d'être un autre que celui que vous croyez être.

Pourtant, quand vous avez commencé à méditer, c'était un peu comme donner un coup de pied dans cette pelote de laine. Elle a roulé un peu, des petits fils s'en sont échappés. Ces fils représentent peut-être la pratique dans laquelle vous vous engagez chaque matin, ou un certain « type » de personne que vous considérez comme le ou la partenaire idéal(e). Autrement dit, il ne s'agit là que d'une série de concepts sur ce que vous croyez être.

Grâce à la méditation, vous vous rendez graduellement compte que certains éléments de votre vie ne sont pas aussi solides que vous le pensiez, et qu'avec quelques coups de pied bien placés, vous pouvez relâcher les traits les plus endurcis. Cette compréhension initiale vous inspire le désir de méditer différemment et d'adopter une pratique contemplative propre à vous aider à envoyer au diable la pelote de laine. Vous vous détachez petit à petit des aspects négatifs de votre vie dont avez toujours voulu vous débarrasser. Ce faisant, vous vous sentez différent de ce que vous étiez dans le passé. Autrement dit, la pelote de laine trop serrée se transforme petit à petit en boule souple et détendue. Et c'est ainsi que vous vous sentez quand vous quittez votre coussin de méditation : souple et détendu.

Aussitôt que vous goûtez cet espace et cette liberté – quand un tas de petits fils s'étalent autour de vous – le moment est venu de dénouer les nœuds. Ces nœuds sont là depuis que la petite pelote de laine a commencé à se resserrer ; ce sont vos doutes récurrents. Ce sont vos parents qui ne cessaient de vous répéter que les enfants sages ne font pas ceci ou cela ; ce sont les publicités télévisées qui ne cessent de vous dire que vous ne ressemblez pas aux top-modèles ou aux gens qui réussissent ; c'est votre manque de foi en votre sagesse innée. Bref, c'est ce qui vous empêche d'être libre et disponible en tout temps.

Lorsque vous aurez arraché quelques fils/traits négatifs et compris que vous n'êtes pas aussi solide que vous le pensiez, il vous reste une bonne partie du chemin à parcourir. Vous devez défaire tous vos nœuds. Vous devez affronter vos incertitudes sur votre bonté fondamentale, car c'est cette méfiance sous-jacente qui vous inspire le flot constant de pensées qui remettent en question votre vie et vos actions.

Lors d'un programme de méditation dont j'avais la responsabilité, à Boston, des participants anonymes m'ont exposé leurs problèmes. Nous avons alors, en groupe, discuté de la manière d'appliquer les enseignements traditionnels des quatre dignités aux problèmes qui m'avaient été soumis. Une des participantes m'avait remis un mot dans lequel elle déplorait le manque d'amour de son petit ami. Elle ne croyait pas à cet amour, car il ne le lui avait jamais déclaré de vive voix. Pendant la discussion qui a suivi, nous avons tous compris que dans une situation de ce genre, on peut résoudre en partie le problème en déclarant franchement à la personne concernée que l'on a besoin de l'entendre exprimer son amour plus souvent et avec plus de ferveur. Cela paraissait évident.

Cependant, le doute qui sous-tend souvent la question : « Est-ce qu'il m'aime ? » est un très gros nœud, une terrible incertitude. « Est-ce que je mérite d'être aimée ? » Je pense que nous avons tous trébuché sur ce gros nœud.

Nous avons tous nos nœuds personnels, mais lorsque nous comprenons qu'ils représentent en fait nos incertitudes, nous pouvons les défaire en les analysant et en les voyant tels qu'ils sont. Par contre, si nous continuons à serrer ces nœuds du doute, le piège de l'incertitude se resserrera et se manifestera de différentes manières. Conclusion : il est nécessaire d'analyser ces nœuds et de les défaire avec la sagesse clairvoyante du dragon.

Le dragon n'est pas « noué » par l'incertitude. Il se déplace avec grâce et légèreté dans tout ce qui constitue son monde. Que ce soit dans un cinéma ou au beau milieu d'une bagarre de soirée, le dragon est là et sa présence est inconditionnelle. Pourquoi ? Parce qu'il s'est libéré du piège de l'incertitude. Il a mis sa pratique en action et il incarne véritablement la sagesse qui consiste à être pleinement présent au monde. Dans la mesure où il ne s'évertue pas à manifester les enseignements bouddhistes, mais s'efforce tout simplement d'agir en accord avec son cœur, il n'y a aucune place en lui pour les nœuds du doute.

Suivre l'exemple du dragon n'est pas évident. Vous ne pouvez pas vous défaire des nœuds du doute et de l'incertitude par le simple raisonnement ; vous ne pouvez pas vous en débarrasser en ayant recours à une théorie quelconque. Détendez votre esprit par l'entremise de votre sagesse innée, et vous verrez votre confiance en votre bonté fondamentale s'accroître et vos doutes se dénouer.

Comme l'a dit Khenpo Tsultrim Gyamtso Rinpoché, un de mes professeurs : « Parfois, de gros efforts de pratique sont nécessaires dans la méditation, parfois on a simplement besoin de se détendre. Les deux démarches ont chacune leur importance. Les débutants doivent, au début, faire des efforts, puis ils peuvent, en cours de route, se laisser aller un peu, et ils finissent par être parfaitement détendus. » Mais attention, si vous êtes trop désireux de vous détendre, c'est le contraire qui arrivera. Donc, pas de détente à tout prix. Chacun doit trouver le bon équilibre entre l'effort et la détente afin de surmonter son incertitude et retrouver sa bonté fondamentale.

Tandis que vous devenez de plus en plus confiant en votre bonté innée, vous vous débarrassez, comme un lézard, des vieilles peaux d'incertitude qui vous étouffent. Tous ces moments où vous vous sentez inadéquat au bureau disparaissent ; vos désillusions amoureuses s'effacent. En vous libérant de vos incertitudes et en devenant suffisamment présent à votre cœur, vous laissez tomber ces vieilles peaux grises et sèches. Vous devenez alors *ziji*, confiant, et *boddhi*, ouvert. Sous les couches d'incertitude, vous êtes aussi majestueux que le dragon. Vous vous faites entièrement confiance et vous faites confiance au monde.

Cependant, être majestueux comme le dragon ne veut pas dire que des moments pénibles ne surviendront pas, prêts à vous voler votre confiance. Il n'y a pas de recette qui puisse vous indiquer comment éviter de rester sur le banc de touche. La douleur sera là, et le chagrin, et vous aurez parfois le cœur brisé. La souffrance est inévitable, mais lui permettre de se déployer dépend de vous. Le dragon vous conseille de rester ouvert à toutes les expériences que la vie vous offre, et, plus important encore, de considérer les obstacles comme le carburant indispensable à votre cheminement spirituel.

Le dragon incarne les enseignements qu'il a reçus. Suivre ses pas n'a donc rien à voir avec une tentative de transformation personnelle. C'est une démarche qui vous aide à vous éveiller à celui ou à celle que vous êtes déjà. On ne devient pas plus altruiste, on l'est déjà. On ne devient pas plus sage, on l'est déjà. Lorsqu'on associe cet altruisme et cette sagesse, on sait comment se conduire et comment agir dans le monde.

Le chemin du lion des neiges – tout comme celui du garuda – est une exploration de la compassion. Le dragon, lui, vous dit de vous reposer dans votre sagesse. Ces dignités rassemblées forment un pont entre les enseignements mahayana et vajrayâna. Dans un certain sens, ce sont les deux faces d'une même médaille. L'union de la compassion et de la sagesse donne naissance aux actions efficaces. Lorsque vous incarnez les dignités du lion des neiges et du garuda, vous veillez sur votre ouverture d'esprit et vous agissez en accord avec votre cœur. Le moyen le plus adéquat de vivre sa vie de façon naturelle découle de ce point de vue.

La voie du dragon consiste à accueillir tous les moments qui se présentent, les bons comme les mauvais, et à les considérer comme les choses les plus désirables du monde. Vous aspirez à traiter directement avec ce monde, car vous pouvez alors avoir recours à votre compassion et à votre sagesse pour accomplir des actions subtiles. Vous jouissez ainsi d'une vie pleine et harmonieuse. Vous n'êtes plus écrasé par l'incertitude, vous êtes ouvert et plein d'énergie et vous accueillez l'inconnu à bras ouverts. Vous n'avez plus à choisir ce que vous aimez, ce que vous n'aimez pas, et ce que vous voulez ignorer. Ce ne sont là que des combustibles pour ce feu qu'est le moment présent. Ils font partie du merveilleux chant du vajrayâna que vous vous chantez à vous-même, même si vous ne le fredonnez que sous la douche.

20
L'authenticité du dragon

En Occident, le dragon n'a pas très bonne réputation. On le dépeint souvent comme un vilain monstre couvert d'écailles qui tient en otage une demoiselle en détresse. Le moment le plus palpitant, quand on raconte une histoire de dragon à un enfant à l'heure du dodo, est l'apparition du preux chevalier qui coupe la tête du méchant, libère la belle princesse, puis l'emmène dans son château où ils vont vivre heureux jusqu'à la fin de leurs jours.

Le dragon oriental, en revanche, est souvent révéré pour sa sagesse. C'est une créature bienveillante qui vient en aide aux humains et incarne les forces primitives de la nature. Les démunis ne s'adressent jamais à lui en vain. Les deux traditions se rencontrent néanmoins lorsqu'il est question de l'origine du mot « dragon ». Ce terme vient du mot grec *drákōn*, que l'on peut traduire par « serpent de grande taille ». L'Occident comme l'Orient décrivent le dragon comme un animal à la silhouette sinueuse ; sa peau est couverte d'écailles et il a les pieds griffus. Le dragon a l'étrange capacité de cracher du feu. Il vole dans les airs, se déplace dans les eaux, mais son royaume est la terre ferme. Le dragon joue un rôle essentiel dans les quatre éléments : air, terre, eau, feu.

L'étymologie grecque du mot *drákōn* est plus intrigante que la simple description physique de l'animal. Un grand nombre de linguistes pensent que le mot *drákōn* pourrait provenir du verbe *drakeîn*, qui signifie «voir clairement». Dans le chapitre sur le garuda, je vous ai vanté cet animal légendaire qui quitte la terre pour s'élever librement dans les airs, mais c'est grâce au dragon que vous pouvez apprendre à jouer dans l'espace, à voir clairement le caractère sacré et magique de notre monde, et à vous laisser ravir par ces expériences.

Dans le bouddhisme shambhala, on entend souvent une expression associée au dragon: «L'eau de l'eau, le feu du feu.» Le dragon voit clairement le monde, car il n'est pas prisonnier de ses inquiétudes et de son besoin de protéger en lui un sentiment figé du moi. Il interagit librement avec tout ce qui l'entoure et accomplit ce que l'environnement attend de lui. Son existence n'est pas une lutte constante, c'est un terrain fertile sur lequel il peut procéder à des changements positifs autour de lui et dans le monde. Lorsque survient une sécheresse et que l'élément eau est nécessaire, le dragon prend son envol dans les airs et y suscite la pluie. Si c'est le feu qui est indispensable, il l'émet par sa bouche puissante. Bref, il voit clairement ce dont le monde a besoin et agit en conséquence.

Le besoin d'agir en fonction des situations qui se présentent ne fait pas seulement partie des contes et légendes. Tout comme le dragon, vous pouvez voir clairement certaines situations et y répondre. Quand, lors d'une réunion de bureau, vous vous apercevez que des collègues s'égarent dans des considérations hypothétiques, vous pouvez imiter le dragon en les ramenant à la réalité et aux problèmes qui doivent être résolus.

Si votre partenaire est obsédé par l'un ou l'autre souci personnel, emmenez-le en balade. Il se détendra – du moins pour un moment. Il profitera de l'espace et en oubliera de contempler son nombril. Il aura la possibilité de lever les yeux vers le ciel et de prendre un bol d'air frais, ce qui l'aidera à sortir de son marasme.

Autre exemple. Si, arrivé chez des amis, vous vous rendez compte qu'ils viennent de se disputer, n'essayez pas de résoudre vous-même leur différend. Le meilleur moyen d'incarner les qualités du dragon dans ces circonstances est simple : après avoir constaté le climat négatif et froid qui règne chez vos amis, faites ce qu'il faut pour le réchauffer. Préparez-leur une bonne tasse de thé, racontez-leur une anecdote amusante.

Vous pouvez vous-même vous sentir à bout de temps à autre. Par exemple, vous venez de passer quelques heures avec votre amoureuse, vous brûlez encore de passion… et voici que vous vous retrouvez tout seul dans votre appartement. Le conseil du dragon, dans ce cas précis, est élémentaire : une douche froide ! Ensuite, et durant le reste de la soirée, efforcez-vous de trouver une foule d'occasions d'utiliser les quatre éléments. Faites-le simplement, sans vous casser la tête. Vous verrez que cette attitude créera espace et plaisir en vous et autour de vous.

L'insondable dragon

Il m'arrive, lorsque je passe un moment auprès de Sakyong Mipham Rinpoché, de percevoir son impénétrabilité. Lorsque des méditants l'entretiennent de leurs petits soucis – un problème agaçant avec leur partenaire amoureux ou le comportement de certains individus qu'ils considèrent comme des anti-bouddhistes – Sakyong ne confirme ni n'infirme leurs dires. Il ne dira jamais, par exemple : « Pourquoi te plains-tu de cette femme alors que tu es toi-même un être inconséquent ? » ni « Pourquoi critiquez-vous ces personnes alors qu'il vous arrive à vous aussi d'être inconstant ? » Non, en évitant de réagir à leurs propos dénigrants, Sakyong a cette capacité unique de leur servir de miroir. Il se contente de rester ouvert, disponible, à l'écoute.

Dans cet espace d'accueil, les émotions mineures se dissolvent. Après que ce type de situation s'est reproduit à plusieurs reprises, ces gens qui sont prisonniers de leurs émotions commencent à comprendre qu'ils agissent de façon stupide. La réaction du dragon, dans ces situations, est difficile à décrire et à classer, car elle est insondable.

« Insondable » est la traduction de Chögyam Trungpa Rinpoché de l'expression tibétaine *spyang grung*. L'expression combine deux mots, le premier signifiant « avisé » et le second, « sage ». Cette sagesse avisée ne veut pas seulement dire que l'on connaît une foule de faits, elle véhicule l'idée que l'on puisse incarner la sagesse et l'utiliser de façon avisée.

L'impénétrabilité n'est pas exempte de ludisme. Lorsque je pose une question à Sakyong Mipham Rinpoché et qu'il ne me répond pas de façon directe, ou qu'il aborde un sujet différent, je me dis : « Se moque-t-il de moi ? » Non, il me tend un miroir, me renvoie ma question, et se montre impénétrable afin de me permettre d'entrer en contact avec ma propre sagesse. Ou il veut tout simplement s'amuser un peu. Ou il fait les deux à la fois.

Il y a, chez le guerrier, un aspect réconfortant et détendu qui incarne les qualités du dragon. Observer une personne qui personnifie le dragon insondable, c'est comme contempler un danseur étoile. L'artiste possède une force physique incroyable, et comme il exécute à la perfection tous les mouvements qu'il a appris, il peut se mettre à danser lorsqu'on le lui demande. Sa puissance découle du fait que, lorsqu'il danse, il oublie son apprentissage, sa formation, et se contente de danser. Ses pas sont confiants, spontanés. Il en est de même lorsque vous incarnez les qualités du dragon : vous oubliez que vous êtes un bon bouddhiste et vous vous contentez tout simplement d'être des humains.

Les Qualités Du Dragon

Sens de l'humour et joie de vivre

Tandis que nous souffrons lorsque nous pensons, par exemple, aux guerres et aux gouvernements corrompus, le dragon, lui, cultive un sentiment vigoureux du plaisir de vivre. Il sait que tout est impermanent et que les problèmes du monde sont beaucoup plus mouvants que ce que nous en percevons. En conséquence, il enveloppe tout sujet épineux ou tragique de son sens de l'humour. Ce qui ne veut pas dire que l'on doit passer sa vie à raconter des blagues, mais que l'on peut ressentir de la joie au milieu des situations les plus sombres et les plus dramatiques.

Même lorsqu'il se débat dans ses problèmes quotidiens – comme un surplus de travail ou l'impossibilité d'aller voir un film qu'il attend depuis longtemps – le dragon continue à aimer la vie. Il reste disponible, se montre bon joueur, même dans les situations les plus frustrantes, car celles-ci lui donnent l'occasion de faire preuve de courage et d'optimisme. Cette attitude va bien au-delà du fait de supporter l'adversité avec le sourire sous prétexte que l'on est un bon bouddhiste. De toute façon, ce statut n'existe pas, car « être bon » est tout à fait subjectif. Le dragon se fiche éperdument de cette notion voulant que l'on soit bon ou mauvais, et il sait que ce qui ne le tue pas le rend plus fort. Il accueille dès lors l'adversité avec le sourire, car il sait que c'est uniquement par le truchement des expériences pénibles que l'on devient plus fort et plus détendu.

Vous pouvez affronter la vie avec joie et vous détendre dans la certitude que toute situation est impermanente, comme toute chose en ce monde. Il arrive que nous soyons très accablés par les malheurs de cette planète, mais c'est dans ces moments-là que notre sens de l'humour doit prendre le dessus. Nous nous sentons alors revigorés par la mouvance du monde qui nous entoure, et cela nous permet de supporter les pires catastrophes avec une attitude digne et courageuse.

Une présence authentique

Le dragon est toujours vrai. Il ne ment jamais. Lorsque vous pleurez parce que vous traversez une rupture douloureuse, le dragon vous console, mais il refuse de se livrer à ces petites médisances que vous avez envie d'entendre sur votre ex. Lorsque vous vous conduisez de façon déraisonnable et êtes cause de confusion parmi ceux qui vous entourent, il vous enjoint avec fermeté de régler vos petits problèmes par vous-même, sans importuner vos semblables.

Aussi frustrant que cela puisse paraître à certains moments, le dragon reste juste et vrai, et de la manière la plus altruiste qui soit. Il est très rare de rencontrer quelqu'un qui soit vrai d'emblée. Généralement, lorsqu'on nous présente une personne que nous ne connaissons pas, nous constatons qu'elle évite – et sans doute en faisons-nous autant – de nous regarder dans les yeux, et qu'elle n'aborde que des sujets anodins, du genre « Que faites-vous dans la vie ? » ou « Comment avez-vous connu notre ami commun ? » Ces questions capitales étant posées, nous bavardons de tout et de rien et, quand nous sommes à court d'idées, nous parlons des vidéos amusantes que nous avons vues sur Internet.

Cependant, une fois tous les trente-six du mois, nous rencontrons une sorte d'âme sœur qui, sans nécessairement aborder des sujets importants, nous parle à cœur ouvert de ce qu'elle pense et de ce à quoi elle croit. Elle nous communique des informations vraies sur elle ; elle nous pose des questions afin de découvrir ce qui nous intéresse. Cette personne est plus désireuse de nous connaître que d'essayer de nous convaincre de l'aimer.

Le dragon *est* cette personne. Il n'a pas besoin que vous l'aimiez, mais vous ne pouvez vous en empêcher, car il est franc et sincère. Comme la manière avec laquelle il est perçu ne le préoccupe pas, il se sent libre d'interagir avec quiconque et il le fait dans un état d'esprit débarrassé de toute incertitude. Il manifeste sa bonté fondamentale, et son entourage est fasciné par sa présence authentique.

Vous pouvez vous aussi avoir cette présence authentique. Lorsque c'est le cas, vous vivez votre vie dans la franchise et la vérité. Vous ne vous sentez pas obligé, pour convaincre, d'avoir recours à de petits mensonges, à des contre-vérités, vous ne tordez pas le bras de vos interlocuteurs pour les amener à partager vos points de vue. Vous vous montrez tel que vous êtes, et c'est un cadeau que vous vous faites à vous-même et à ceux qui vous entourent.

Fasciner le monde

En plus d'attirer les gens à lui comme un aimant, le dragon attire tous les aspects sacrés du monde. Dans la culture orientale, on dit que c'est cette forme de magie qui le lie aux quatre éléments. Que nous croyions ou pas à la magie, nous pouvons tenter de faire l'expérience de l'espace. Dans cet espace dont nous percevrons le caractère sacré, nous pouvons interagir avec le monde.

Si vous avez, comme le dragon, confiance en votre sagesse innée, vous découvrirez que vous évoluez librement dans le flot de la vie. Cette idée semble contraire à ce que vous avez appris dans l'enfance. Vous avez toujours pensé que si vous vous interdisiez l'accès à votre cœur et ne pensiez qu'à votre petite personne, vous seriez gagnant en cette vie. Et pourtant, cette méthode ne vous a apporté que tristesse et frustrations.

Au lieu de cela, vous pouvez rester constamment ouvert aux possibilités que la vie vous offre. Vous savez qu'elle vous apporte tout ce dont vous avez besoin. Quand votre cœur est vraiment éveillé, au point où vous voyez toutes les joies et toutes les souffrances du monde, vous pouvez dépasser tout ce qui vous a été enseigné. Vous pouvez exprimer votre compassion ; vous êtes en mesure de vous accommoder avec aisance des aspects inconfortables ou un peu étranges de la vie.

Quand vous aurez développé votre foi en votre bonté fondamentale, l'étape suivante consistera à découvrir celle des autres. Vous verrez alors clairement que le monde est fondamentalement sacré. Tous ceux qui vous entourent possèdent une bonté innée, et même quand certaines personnes s'en éloignent et tombent dans la confusion, dites-vous bien que le monde reste malgré tout bon et magnifique.

Le dragon n'a pas seulement confiance en lui-même et en sa bonté innée, il croit au caractère sacré des êtres et des choses. Il a foi en ce monde qui lui procure ce dont il a besoin pour développer sa spiritualité. Comme il a vraiment accès à cet univers, il voit le sacré dans les choses les plus simples. Il le voit chez cette mère et sa petite fille qui se dirigent ensemble vers l'école, la mère un peu penchée pour tenir son enfant par la main ; il le voit chez l'araignée qui file méthodiquement sa toile dans un coin tranquille ; il le voit chez cet homme et cette femme serrés l'un contre l'autre sur le chemin du retour à la maison.

Si vous voulez être pleinement heureux, suivez la voie du dragon. Faites confiance à votre sagesse innée et laissez-la vous guider à sa manière subtile et de toutes les façons possibles. Cette sagesse est la qualité qui permet au dragon de voir clairement le monde. De cette position idéale, il peut se détendre en toute circonstance et il a la capacité de voir la magie dans les situations les plus ordinaires.

Vous pouvez vivre comme le dragon. Vous pouvez entrer en contact avec votre cœur grand ouvert et exprimer votre sens de l'humour et votre joie de vivre plutôt que de vous laisser abattre ou limiter par les petits problèmes de l'existence. Vous pouvez être vrai avec tous ceux qui vous entourent et dans toutes les circonstances possibles. Ne vous cachez plus, soyez vous-même. Lorsque vous atteindrez ce niveau d'ouverture d'esprit et de cœur, vous découvrirez à quel point ce monde est sacré.

21
Faites « Milarepa »

Celui qui sait que tout est esprit utilise tout ce qui vient à lui comme une ressource.

Milarepa

Commençons ce chapitre par une vieille blague bouddhiste. Le Dalaï-lama s'approche d'un marchand de hot-dogs. « *What'll it be ?*[4] », lui demande l'homme.

Le Dalaï-lama répond : « *Make me one with everything.* »

Il existe une autre version de l'anecdote. Le Dalaï-lama achète son hot-dog et tend un billet de dix dollars au marchand. Il attend un moment et, ne voyant rien venir, demande avec impatience : « *Where's my change* ? » Réponse du marchand : « *Buddy, change comes from within.* »

À cette étape de votre cheminement, vous aspirez sans doute à un changement à la fois intérieur et extérieur. Vous souhaitez devenir plus calme, plus « centré », plus présent à votre vie. Mais le monde autour de vous n'est que chaos

4. « J'y mets quoi ?

– Mets-y tout. »

« Et mon change ?

– Mon vieux, le changement vient de l'intérieur. »

En anglais, le mot *change* signifie à la fois « monnaie » et « changement » (note du traducteur).

et, pour changer, vous avez besoin d'aide. Vous avez déjà perçu une certaine transformation en vous, mais l'idée même d'effectuer des changements à grande échelle dans le monde vous semble impossible alors que tout ce que vous faites est méditer et vivre votre vie de votre mieux.

Un des sites Internet que je consulte régulièrement est celui de CNN. Je l'ai regardé ce matin et j'y ai lu quelques nouvelles : un gouvernement étranger vient d'être renversé ; la cruauté envers les animaux est endémique ; un petit enfant a été assassiné. Un gros titre : UNE FEMME ENLEVÉE À SON CORPS DÉFENDANT. Lorsqu'on est confronté à des événements aussi dramatiques, on se sent impuissant. Dès lors, une question se pose : « Que puis-je faire pour un monde embourbé dans de telles souffrances ? »

Selon moi, vous avez deux possibilités d'action. Soit vous capitulez devant les misères du monde, laissant la souffrance s'insinuer dans toutes les fibres de votre corps, jusqu'à ce que vous deveniez comme ces journalistes incapables de parler d'autre chose que de misère et de catastrophes. Ce choix consiste à laisser l'incertitude infuser toutes vos pensées. Si bien qu'à la fin de la journée, vous ne croyez même plus à votre bonté innée. Et vous êtes certain que tous les humains sont fondamentalement mauvais.

L'autre possibilité est d'être convaincu de votre bonté et de celle des autres. Vous pouvez décider de ne pas croire un seul instant que les êtres humains sont fondamentalement mauvais.

Si vous optez pour cette possibilité, vous devrez néanmoins faire appel à votre esprit pratique. Il est évident que le monde ne va pas changer comme par enchantement. Ce n'est pas parce qu'on élit un nouveau président, que l'on change de religion et que l'on invente une nouvelle monnaie que les problèmes du monde vont se résoudre. Le changement exige la collaboration de gens comme vous et moi, prêts à se montrer plus dévoués, plus attentifs, plus aimants. Même si chaque pays avait un dirigeant progressiste, une religion commune, de la nourriture en abondance, des habitations et du travail pour tous, ces conditions seraient insuffisantes si ses citoyens continuaient à ne penser qu'à eux.

Lorsque nous sommes confrontés aux maladies du monde, nous avons parfois la tentation de nous replier sur nous-mêmes, ou de nous endurcir, alors que nous pourrions développer un sentiment de joie au milieu de ces terribles problèmes. Si le marchand de hot-dog a raison quand il dit que le changement vient de l'intérieur, nous devons en conclure que les changements doivent être basés sur l'optimisme du vers de Milarepa figurant au début de ce chapitre.

Le dragon sait que le monde est constamment balayé par le flux du changement. En conséquence, lorsqu'un obstacle ou un malheur se présente, il peut rire de leur absurdité. « Hé, vous, chômage en hausse, vous croyez vraiment que vous pouvez foudroyer l'esprit humain ? » Il sait que les obstacles ne sont tragiques que si l'esprit les considère comme tels. Il a foi en la sagesse des êtres et se réjouit dans cette certitude au lieu de baisser les bras parce qu'il se dit que certaines personnes sont tellement dépassées par les événements qui les frappent qu'elles en deviennent incapables d'exprimer cette sagesse.

Quand on s'attarde à la tradition *kagyu* du bouddhisme tibétain, on y trouve une longue lignée de maîtres de méditation. Ces individus sont comme vous et moi : à un moment de leur vie, ils se sont laissé embourber dans la confusion, et il leur est même arrivé de faire du tort à leurs semblables. Puis, un jour, ils ont trouvé sur leur route les enseignements vajrayâna et ils ont transformé leurs actions passées en carburant pour une existence consacrée aux changements positifs. Ils ont appris à regarder en face la misère qui accablait leur monde et ils l'ont affrontée avec leur humour et leur joie de vivre.

Milarepa est l'un de ces individus qui ont contribué pour un temps à la destruction et au chaos du monde. Il est néanmoins considéré aujourd'hui comme l'un des plus grands saints du Tibet. Né au début du XIe siècle, Milarepa a connu une grande souffrance dans son adolescence. Il a voulu se venger et, pour ce faire, a gâché l'existence d'un grand nombre de personnes. Il n'avait pas encore bénéficié des enseignements bouddhistes.

Les problèmes du jeune Milarepa ont commencé à la mort de son père. Son oncle et sa tante, des individus cupides, ont trahi les dernières volontés de ce père : ils se sont emparés de la fortune que ce dernier laissait en héritage à son épouse et à son fils. La mère de Milarepa a alors décidé de se venger. Elle a encouragé son fils à pratiquer la magie noire. Milarepa s'est lancé dans l'apprentissage de cette sinistre discipline. Après avoir suscité des tempêtes de grêle, il s'est attaqué à son oncle et à sa tante au cours d'une réunion du village, provoquant ainsi la mort de plusieurs dizaines de personnes. Quand les survivants se sont lancés à sa poursuite, il a répliqué avec une autre tempête de grêle, détruisant ainsi leurs récoltes et laissant les pauvres gens dans la misère et la famine.

De la cachette où il s'était réfugié pour échapper aux représailles des villageois, Milarepa entendait les échos des destructions qu'il avait provoquées. Comprenant qu'il avait agi avec cruauté, il s'est repenti de ses mauvaises actions. Plus tard, lorsqu'il a entendu parler du grand maître Marpa, il a de nouveau été submergé par un flot d'émotions, mais celles-ci étaient positives, et le bonheur l'a envahi. Il a rencontré le maître de méditation, prêt à suivre la voie qui allait lui permettre de réparer ses fautes.

Marpa voyait bien que Milarepa voulait s'amender, mais il lui a refusé son enseignement, lui déclarant qu'il devait d'abord payer le prix de ses errements en se livrant à un labeur physique épuisant. Il lui a ordonné de construire une grande tour de pierre. Milarepa s'est exécuté et, pendant de longs mois, a transporté sur son dos les lourdes pierres destinées à la tour. Lorsque les travaux ont été terminés, il a eu la surprise d'entendre son maître lui déclarer que sa tour était mal construite et qu'il devait la détruire et tout recommencer. Le même labeur s'est reproduit, encore et encore, Marpa ordonnant chaque fois à Milarepa de détruire et de reconstruire la tour d'une façon différente, ou dans un autre lieu. C'est ainsi que plusieurs années se sont passées, durant lesquelles Milarepa a expié ses fautes.

Puis, un beau jour, Marpa lui a annoncé que le processus l'avait nettoyé de ses péchés et qu'il était prêt à entreprendre son voyage spirituel. Imaginez, après toutes ces années de terrible labeur, la joie du jeune homme à l'idée de se lancer dans la pratique méditative. Après avoir étudié avec son maître, il a passé plusieurs années à méditer seul dans une grotte. Ses regrets étaient sincères, et comme il avait renoncé à tout ce qui pouvait l'empêcher de progresser dans la voie spirituelle, ses progrès ont été fulgurants.

La vie méditative de Milarepa ressemble un peu au fonctionnement de ces petites voitures à frottement mécanique : chaque fois qu'il construisait une tour, il devait reculer, comme on fait reculer les petites voitures afin que le mécanisme de serrage des roues s'enclenche de nouveau.

Après quelques années de méditation, Milarepa a atteint l'illumination. Il avait fait une croix sur sa culpabilité et sur la haine qu'il avait accumulées et pouvait enfin manifester sa sagesse innée. Il est alors retourné dans son village natal, cet endroit où il avait été spolié de son héritage et où il avait causé tant de malheurs pour assouvir sa vengeance.

Milarepa a commencé à donner de simples avis à ceux qu'il lui arrivait de rencontrer sur sa route. Un jour, la tante qui avait été la cause de ses malheurs est venue lui demander pardon. Il le lui a accordé, puis lui a prodigué des conseils destinés à l'encourager à devenir une meilleure personne. Des anecdotes sur ses enseignements ont commencé à circuler, attirant une foule de disciples décidés à renoncer à leur vie de confusion et à pratiquer la méditation.

Vous pouvez suivre les traces de Milarepa. Oubliez les nombreuses erreurs que vous avez commises, oubliez votre propre souffrance, et souriez. Renoncez aux aspects de vous-même qui vous accablent et vous désespèrent. En mettant en pratique la technique de base de la méditation, vous serez en mesure de tourner votre esprit vers la réalité de votre vie et de considérer toutes situations, y compris les plus pénibles, comme autant d'occasions de vous ouvrir au monde.

Ce degré d'ouverture est l'espace dans lequel évolue le dragon. Si vous désirez l'imiter, vous devez associer la pratique de la méditation à votre monde. Le dragon médite en s'accordant à la beauté toute simple du moment présent, même lorsque son cœur souffre.

Vous pouvez vous aussi goûter à cette joie en reconnaissant le caractère sacré de ce monde qui connaît lui aussi la souffrance. Des gens souffrent partout sur cette planète, mais cela ne doit pas vous empêcher de vous réjouir quand vous regardez des enfants s'amuser dans un parc. Si vous parvenez à vous connecter à de simples plaisirs, vous serez capables d'affronter des problèmes graves sans cynisme et sans amertume.

Le monde vit dans la confusion. Il est évident que le fait de regarder des enfants jouer dans un parc n'enclenchera pas une révolution, mais si nous apprécions la simplicité et la perfection de ce spectacle, nous pourrons puiser dans notre bonté fondamentale. Dès lors, nous serons en mesure de partager notre cœur de façon plus spontanée et plus complète avec tous ceux qui nous entourent. Même si nous ne leur offrons que quelques sourires « Milarepa », nous créons de l'espace et de l'ouverture dans le monde. Ceux qui reçoivent notre attention et se réchauffent à notre sourire sont alors contaminés à leur tour par le virus de la gentillesse. Ils veulent alors la partager. Et les ramifications de tous ces sourires s'étendent à perte de vue.

Il semble que les nouveaux chanteurs de rap composent des chansons qui s'accordent aux pas de danse qu'ils inventent. Même si ces pas se contentent simplement d'apprendre à ceux qui les écoutent à danser sur *Singing in the Rain*, il faut reconnaître qu'il y a en eux un élément irrésistible.

Il arrive parfois, lorsque je sors le samedi soir, que l'une de ces chansons soit jouée. Je constate que mon entourage adore ça ! Des gens qui n'accordent généralement pas grande attention à leurs semblables ressentent tout à coup le besoin irrépressible de sourire et de danser. Même si je ne saisis pas toujours le message des chansons, je ressens un immense sentiment de joie quand je vois tous ces gens danser ensemble.

Cette contagion ne doit pas se limiter aux rappeurs. En tant que méditants, nous pouvons créer une danse qui s'accorde aux enseignements que nous avons reçus – une danse que nous danserons avec ce monde phénoménal.

Voici comment vous embarquer dans cette nouvelle danse, que j'appelle « Milarepa » :

Pensez à la souffrance et à la confusion. Ce pourrait être une souffrance que vous avez causée, ou une douleur que vous avez éprouvée à cause de la confusion dans laquelle se trouve une autre personne. Il n'est pas question ici de vous attarder aux moments les plus larmoyants de votre vie, mais d'accueillir toutes les souffrances que vous avez l'impression de porter sur vos épaules en ce moment.

Faites du bien aux autres. Vous pourriez vivre votre propre mini-version de la construction d'une tour de pierre. Par exemple, ramasser un déchet sur le trottoir, ou laisser passer quelqu'un devant vous dans une file d'attente. Engagez-vous dans des activités qui vous aident à vous distraire de vos propres misères et de votre confusion. Ainsi libéré, vous pourrez vous consacrer au bien-être des autres.

Reposez-vous l'esprit. C'est le pas le plus compliqué de la danse. Permettez à votre bonté fondamentale d'irradier et de caresser votre entourage. Souriez. Maintenez ce sourire le plus longtemps possible. Tout le monde doit le voir.

Lorsque vous êtes perdu dans votre propre univers, ou que vous êtes submergé par la souffrance qui vous entoure, dansez le « Milarepa ». Ces mouvements tout simples vous aideront à vous débarrasser de vos idées fixes sur votre propre souffrance, et vous pourrez dès lors vous consacrer au bien-être du monde. En vous concentrant sur ce bien-être, vous entrerez en contact avec votre bonté fondamentale. Une fois reconnecté à votre sagesse, vous pourrez la communiquer et améliorer ainsi le monde.

Je ne crois pas qu'il soit naïf de croire que si la majorité des citoyens de ce pays faisaient régulièrement « Milarepa », de véritables changements embelliraient cette planète. Le monde est mouvant ; des problèmes internationaux endémiques et difficiles à résoudre l'accablent, mais il ne faut jamais perdre de vue qu'ils sont eux aussi soumis à l'impermanence – comme votre dernier gadget et votre grand-mère.

Le monde étant mouvant, vous pouvez vous détendre et essayez de tirer le maximum des éléments positifs de votre existence. Ce qui ne veut pas dire que vous avez toute liberté de danser et de boire. Vous devez savoir que chaque aspect de vos actes fait partie de votre cheminement. Si ce cheminement est en contact avec votre bonté innée et que vous exprimez cette bonté envers vos semblables, alors vous pouvez danser et prendre un verre, en vous assurant bien sûr que cela ne nuira pas à ceux qui vous entourent.

Nous pouvons beaucoup apprendre sur les problèmes de ce monde et sur la méditation, et accumuler ainsi une foule de connaissances. Un adage bien connu dit que « la connaissance est pouvoir ». Cependant, le véritable pouvoir repose sur un type particulier de connaissance, celle qui nous permet d'aider les autres. Le fondement du pouvoir, c'est savoir comment exprimer cet altruisme et cette compassion qui mènent tout droit à la sagesse du cœur.

Faire « Milarepa » et exprimer votre sens de l'humour et votre joie de vivre est revigorant pour vous et inspirant pour les autres. Ce sont des activités altruistes. Partagez votre besoin si naturel de célébrer la vie avec tous ceux que vous fréquentez. Cette attitude leur inspirera le désir de se raccorder à leur propre cœur et de communiquer à leur tour leur rayonnement à leur entourage. Si vous considérez chaque aspect de votre existence, les bons comme les moins bons, comme des ressources vous permettant d'offrir votre sens de l'humour et votre joie de vivre à vos semblables, vous pourrez alors vous dire que vous suivez les traces du dragon et que vous apportez d'authentiques changements en ce monde.

22
Associez cœur et esprit

J'ai vu récemment une vidéo hilarante sur YouTube. Dans ce petit film, un blaireau vaque à ses occupations de blaireau. Comme dans tous les documentaires sur les animaux, on voit l'animal chasser, se nourrir, et circuler sur son territoire. Une voix off commente ses activités.

Cette voix appartient à un certain monsieur Randall, qui n'en revient tout simplement pas ! Il observe le quotidien du blaireau et ne cesse de s'exclamer devant son audace et son effronterie. « Le blaireau ne fait que ce qu'il a envie de faire et se fiche royalement du reste », dit-il. En fait, il parle du blaireau comme s'il était l'exemple même de la liberté et de la confiance en soi.

Le blaireau n'a certes pas la même intelligence que le maître guerrier, mais il partage avec lui une caractéristique notoire : *il est ce qu'il est,* sans la moindre gêne. Même lorsqu'il attrape une souris et se met à courir avec le rongeur pendouillant de ses mâchoires, il est parfaitement à l'aise avec le petit prédateur qu'il est. Nous pouvons tous aspirer à ce niveau de dignité optimiste. De la même manière, le maître guerrier peut s'engager dans n'importe quelle activité – que ce soit un gros travail de bureau ou un premier rendez-vous amoureux – avec cette confiance en soi qui fait partie de sa nature.

Une présence authentique

La clé permettant d'avoir accès à cette dignité optimiste est votre bonté fondamentale. Lorsque vous avez un accès sans réserve au sentiment de votre valeur, vous manifestez ce que dans le monde shambhala on appelle « la présence authentique ». C'est l'expression que Chögyam Trungpa Rinpoché a utilisée pour traduire le terme traditionnel tibétain *wangthang*. Ce mot signifie « champ de pouvoir ». C'est de ce pouvoir étendu dont vous disposez quand vous vous engagez dans une vie de vertu et de douceur. Autrement dit, vous devenez tout naturellement bon et vertueux.

Si vous faites partie de ces personnes dont la vie est axée sur l'authenticité, vous êtes probablement un pôle d'attraction pour tous ceux qui vous entourent. Hélas, étant donné que beaucoup de gens ne pensent qu'à leurs propres intérêts, il y a tout lieu de penser que ces personnes sont souvent tentées de vous solliciter de différentes manières et de pomper ainsi votre énergie. Elles ne vous ont peut-être pas vu tenir la porte d'un magasin devant un groupe de vieilles dames, mais cette disposition d'esprit et de cœur type n'en laisse pas moins des traces sur tout votre être, et vous êtes donc facilement repérable. Cette confiance en votre bonté innée est plus forte que toutes les senteurs de l'Orient et tous les parfums : c'est le *parfum de la sagesse*[5]. Il est invisible à l'œil nu, mais ceux qui perçoivent le monde avec le cœur et l'esprit ouverts le connaissent bien.

5. En français dans le texte. N. du T.

Le terme *wangthang* est intéressant à bien des égards. Il indique que lorsque vous manifestez votre bonté innée, vous possédez un champ de pouvoir. Comme je vous l'ai dit dans le chapitre précédent, le véritable pouvoir découle de la volonté d'aller au-delà de nos propres contraintes et préférences afin d'être en mesure de nous montrer disponible pour les autres. Ce champ de pouvoir se manifeste quand vous êtes authentiquement engagé dans ce comportement vertueux. C'est un pouvoir indestructible, personne ne peut vous l'enlever.

Dans un certain sens, vous pouvez manifester cette présence authentique en vous contentant d'être un bon gars ou une bonne fille. C'est merveilleux, et vous pouvez aussi aider les sans-abris ou adopter un animal abandonné. Cette activité vertueuse est celle dans laquelle s'engage le lion des neiges. Elle engendre la bodhicitta, le cœur éveillé. Nous ressentons le ravissement du lion des neiges quand nous nous dévouons au bien-être de nos semblables.

Il y a une différence entre le ravissement du lion des neiges et celui du dragon. Lorsque vous suivez les traces du dragon, vos activités sont exemptes de cette notion dualiste du « moi » qui aide « les autres ». La présence authentique du dragon se fait sentir quand on comprend que le « moi » et le monde sont incroyablement mouvants, donc qu'ils ne sont pas aussi « fixés » que nous le pensions.

La présence authentique du dragon est ancrée dans une certitude : il sait qu'il ne doit pas s'attendre à être récompensé pour ses bonnes actions. Il a cessé de s'accrocher à son confort personnel et à ses idées fixes, et il aide de son mieux ceux qui l'entourent, mais il ne le fait pas parce qu'il veut progresser dans la spiritualité, mais parce qu'il voit clairement ce dont le monde a besoin. Sa présence est vigoureuse, solide, et il a une foule de bonnes choses à offrir. Il est détendu et confiant, car il sait qu'il peut accomplir tout ce qui, selon lui, doit être fait.

Sa présence authentique découle de la *jnana*, cette sagesse qui permet de voir la réalité telle qu'elle est. *Jnana* est un terme sanskrit qui indique l'existence d'une conscience du monde inaltérée, autrement dit, non encombrée de concepts et d'idées préconçues. Cette conscience permet de voir la réalité telle qu'elle est. Lorsque vous serez capable de baser vos perceptions sur la *jnana*, vous vous raccorderez tout naturellement à votre sagesse et à votre cœur, ainsi qu'à votre intellect et à votre intuition.

Les personnes véritablement authentiques sont désintéressées. Quand vous leur parlez de vos problèmes, elles vous écoutent attentivement, sans réfléchir à la meilleure réponse à donner ni à la manière avec laquelle elles réagiraient si elles étaient à votre place. Elles partagent leur cœur et leur esprit avec vous, sans penser un seul instant à ce que vous pourriez leur apporter. Elles sont capables d'associer leur cœur et leur esprit, d'en faire un tout, et d'être totalement présentes.

Rester authentique malgré le chaos

plus vous vous efforcez d'ouvrir votre cœur, plus vous manifestez une authentique présence tout au long de vos journées. Même si vous vous dites que vous manquez de temps pour méditer, vous profitez des petits moments de répit qui parsèment votre quotidien pour vous connecter à votre esprit détendu.

Lorsque vous attendez un ami dans un restaurant, ou un train dans une salle d'attente, ne vous distrayez pas en jouant avec votre portable ou en feuilletant un magasine. Levez les yeux, détendez-vous. Si vous vous laissez distraire, ramenez votre attention à votre respiration. Ce geste vous aidera à vous ancrer dans le présent. Prenez les petits moments dont vous disposez ici et là pour vous connecter à votre esprit et à votre cœur. Vous verrez que ce synchronisme fera rapidement partie intégrante de votre vie et de votre personne.

Si vous maintenez une présence authentique, vous irradierez, même devant les obstacles les plus préoccupants. Mon ami Gérard, par exemple, est un méditant et un magicien de longue date. C'est un artiste talentueux, mais pas au point de faire courir les foules. À une certaine époque de sa vie, Gérard travaillait dans des bars très fréquentés et participait à des spectacles burlesques dans des lieux où la sexualité et l'alcool étaient omniprésents.

Il m'a parlé un jour de son expérience de travail dans un club de New York. Ce club avait deux visages : le premier était une sorte de théâtre dans lequel les consommations étaient chères et les clients beaux et élégants ; le deuxième se cachait à l'arrière, dans les coulisses, là où les artistes consommaient des drogues dures entre leurs numéros et où les femmes couchaient avec le directeur pour obtenir de meilleurs rôles.

Gérard m'a confié à quel point il était difficile de travailler dans de tels environnements : ses camarades de scène avaient beaucoup de difficulté à rester sobres. Curieusement, mon ami gardait sa joie de vivre. Son numéro n'était pas très emballant, mais tout au long de son passage dans ce club, et malgré les aspects sordides de cet endroit, il restait optimiste – et il s'est fait un tas d'amis.

J'avais remarqué cet aspect de sa personnalité : où qu'il fut, il sociabilisait aisément. Il n'essayait pas nécessairement de créer des liens, mais il était authentiquement intéressé par ses semblables. Il était à l'aise avec la personne qu'il était, et ses camarades étaient fascinés par cette aisance et cette confiance en soi. En outre, il savait que sa pratique méditative faisait du bien à son entourage. De plus, il s'efforçait constamment de se rendre utile. Gérard irradiait une présence authentique.

S'il était capable de fonctionner dans ce type d'environnement, c'est parce qu'il savait comment exprimer sa bonté innée, même lorsqu'il était confronté à la tristesse et à la destruction. Ce qui ne veut pas dire qu'il ne se sentait pas déprimé de temps à autre. Cependant, il gardait la foi en sa bonté innée. Gérard était comme une étoile lumineuse – une étoile d'espoir dans une incroyable noirceur.

Mon ami Gérard n'est pas un maître illuminé, mais il sait comment se connecter à un des aspects de la voie du dragon : sa présence authentique. De la même manière, vous n'avez pas besoin d'atteindre les sommets de l'éveil spirituel pour entrer en contact avec votre propre sagesse et la partager avec votre entourage. Vous pouvez être authentique *maintenant*.

Lorsque certaines personnes prennent connaissance des enseignements permettant d'atteindre l'authenticité, elles hochent la tête avec scepticisme. Elles se disent que tout cela semble facile… en théorie. Certains posent cette question : « Une fois que je serai devenu authentique, que se passera-t-il ? » Autrement dit, ces gens veulent savoir si l'authenticité a une incidence pratique dans ce monde confus et agité.

Franchement, je pense que faire cette expérience par vous-même vous donnera la réponse. L'authenticité change vraiment les choses, mais il est préférable que vous mettiez vos enseignements en pratique afin de vous en faire une idée personnelle. Être authentique ne veut pas seulement dire que l'on doit appeler un chat un chat et ne pas mentir, mais qu'il faut utiliser son cœur comme une boussole morale et le consulter constamment pour être guidés dans nos actions.

Lorsque vous êtes à l'écoute de ce qui se passe dans le monde et que vous percevez les événements qui s'y déroulent à travers les lentilles de votre *prajna*, vous savez comment agir. Vous avez cultivé votre intellect pendant une grande partie de votre existence, efforcez-vous à présent de vous engager dans des pratiques destinées à ouvrir votre cœur. Vous n'avez besoin de personne pour devenir authentique. Et vous possédez les outils nécessaires pour faire le bien en ce monde.

Si votre vie est faite de sagesse et de compassion, vous êtes prêt à affronter les situations les plus graves. Dans le bouddhisme, cette attitude porte le nom de *upaya*, un terme sanskrit qui signifie que lorsque nous sommes centrés sur notre propre authenticité, notre esprit et notre cœur nous guident tout naturellement vers des activités généreuses.

La bonne nouvelle, c'est que, quels que soient les obstacles rencontrés sur votre route, vous pouvez, en vous connectant à votre cœur et à votre esprit, être authentiquement celui ou celle que vous êtes – tout comme le blaireau dont je vous ai parlé au début de ce chapitre. En dépit des situations les plus éprouvantes, vous n'hésiterez jamais à vous montrer vous-même. Si vous êtes aussi authentique que le dragon, vous partagerez cette magie avec votre entourage. Une présence authentique est très rare dans le monde actuel. Pourquoi ne pas être le plus rare des joyaux ? C'est ce dont a besoin la société, car un ami authentique est un véritable ami.

23
Détendez-vous

Le problème n'est pas la possession, mais l'attachement.
TILOPA

Sur la voie de vajrayâna, nous apprenons à accueillir tous les éléments qui se présentent à nous comme autant de combustibles pour notre voyage spirituel. Nous ne construisons pas de théorie sur la façon d'appliquer ces enseignements à notre vie, nous voyons simplement la nécessité d'apprendre. Aussi longtemps que nous restons confiants et détendus, nous jouissons des éléments les plus fondamentaux de notre monde, et nous les considérons comme sacrés.

Ainsi que je vous l'ai dit dans les chapitres précédents, ce n'est pas votre famille, ni votre travail, ni votre vie sexuelle qui sont les causes de vos problèmes. Ce qui vous gâche parfois la vie, ce sont les couches et les couches de concepts qui vous emprisonnent, ainsi que vos attachements. En outre, vous êtes embourbé dans l'idée que vous vous faites sur ce que doivent, selon vous, être les choses et les êtres. Vous ne regardez que vers le bas.

Levez les yeux et concentrez votre attention sur le monde qui vous entoure. Dites-vous que tout ce que vous voyez, entendez, sentez, goûtez et touchez est sacré. Si vous rompez avec cette manie que vous avez de vouloir que les choses soient ce que vous croyez qu'elles doivent être, et qu'en échange vous considérez votre existence comme une occasion d'être authentique, tous les obstacles contre lesquels vous butez s'effondreront. Ainsi débarrassés de vos idées préconçues, vous serez en mesure de voir de quelle manière les qualités du dragon peuvent rejaillir sur vos heures de bureau, votre foyer, vos sorties, vos erreurs et votre leadership altruiste.

Le bureau

le guerrier qui incarne les qualités du dragon est fort et détendu à la fois. Lorsque vous travaillez en collaboration, il est important que vous montriez votre stabilité et votre ouverture d'esprit. Au niveau pratique, cela signifie que, chaque fois que vous vous engagez dans un projet avec un groupe, il est souhaitable que vous adoptiez une approche en trois temps :

Tout d'abord, prenez une certaine distance par rapport à la situation. Ne tirez pas de conclusions hâtives sur la façon dont le travail doit être fait. Contentez-vous d'écouter attentivement, avec patience et une grande ouverture d'esprit.

Se distancier par rapport à un projet est toujours utile, cela permet de voir clairement ce que la réalisation de ce projet exige. En outre, vous voyez comment procèdent les autres membres du groupe et vous apprenez une foule de choses sur les idées préconçues qu'ils entretiennent à propos de la manière avec laquelle, selon eux, le travail devrait être fait.

L'étape suivante consiste à agir en fonction de ce que vous avez appris. Comme vous voyez clairement la situation et que vous avez écouté ce que les autres avaient à dire, vous pouvez leur suggérer le mode d'action qui, selon vous, serait le plus efficace. Idéalement, votre ego ne doit jouer qu'un tout petit rôle dans le processus. Vous avez aménagé l'espace nécessaire pour qu'une solution puisse s'y développer et votre attitude est basée sur une excellente compréhension de la situation.

La troisième étape, c'est la détente. Au cours du processus, vous avez créé un bel espace dans lequel vous avez manifesté votre bonté innée. Vous avez également démontré votre confiance en vos collègues en écoutant leurs points de vue. Si des critiques s'élèvent et qu'un plan d'action différent est proposé, votre ego n'en souffrira pas, car il n'est pas lié au projet. Vous pouvez donc vous détendre et lâcher prise.

Votre sens de l'humour vous permet d'alléger les situations les plus chaotiques ou les plus épineuses. Ce niveau de relaxation est comme une bouffée d'air frais dans la dynamique du groupe. Votre capacité d'exposer vos idées tout en restant ouvert aux opinions de vos collègues est ressentie par ces derniers comme un changement agréable dans les normes. Même si vous ne faites que résoudre un problème de bureau, dites-vous bien que vous faites beaucoup plus que cela : vous apportez un changement notoire dans votre environnement grâce à votre écoute et à votre présence authentique.

Les sorties

le dragon garde l'esprit en éveil à tout moment, même quand il décide de se distraire. Il sait qu'il doit maintenir cette conscience afin de voir clairement les situations qui se présentent et d'agir en conséquence. Cette clarté d'esprit est un des ingrédients essentiels dans son existence.

Efforcez-vous de découvrir ce que cela signifie pour vous. Êtes-vous en mesure de maintenir une pleine conscience quand vous êtes dans une discothèque ? Quand vous dansez ? Après avoir bu quelques bières et fumé quelques cigarettes ? Le dragon n'accole pas d'étiquette « Bon » ou « Mauvais » à ces activités, il fait en sorte qu'elles fassent partie de sa pratique. Il voit clairement que certains comportements pourraient affecter son bien-être, et il réagit alors de façon adéquate. En bref, il ne s'engage dans certaines activités que si elles répondent à une de ses motivations principales : faire du bien à son entourage.

Considérez vos sorties du samedi soir comme des terrains d'entraînement. Ces sorties ne sont pas des occasions de vous enivrer et de perdre contact avec la réalité, ce sont des occasions de vous conduire comme un pratiquant de la pleine conscience et de la compassion. C'est le concept du tantra, ou de la continuité. Si vous arrivez à persévérer dans vos intentions, même quand vous vous éclatez avec des amis, alors vous pouvez vous dire que vous êtes sur le bon chemin.

Une facette de la voie de vajrayâna consiste à voir les substances qui sont généralement considérées comme dangereuses pour la conscience comme autant d'occasions de se livrer à cette pratique. L'alcool est *amrita*, un terme sanskrit qui fait référence à une boisson sacramentelle. Dans la tradition catholique, le vin est bien sûr considéré comme du vin, mais quand il est béni, il devient le sang du Christ. Dans une optique similaire, *amrita* est un mélange associant eau et alcool et est bu avec l'idée que l'on peut transmuter certains aspects apparemment négatifs de notre monde en fragments de notre cheminement.

C'est ainsi que Chögyam Trungpa Rinpoché aidait ses élèves à faire un exercice qu'il appelait : « Boire en pleine conscience. » Il leur apprenait à observer leurs réactions quand ils buvaient ensemble. Les élèves prenaient une gorgée d'alcool, puis observaient l'action que ce liquide avait sur eux. Ils prenaient ensuite une autre gorgée, et ainsi de suite. Parfois, les participants pratiquaient l'exercice jusqu'à ce qu'ils ressentent un relâchement de leur ego et une sorte d'effilochage de leur sentiment dualiste du « moi contre le monde ». Ceux qui ne supportaient pas l'alcool vomissaient.

L'un de ces élèves raconte qu'ils étaient parfois encouragés à boire juste assez pour se détendre, pour apprécier le moment, et pour museler leur ego. L'objectif était de voir de quelle manière l'alcool les affectait et les détendait. Du reste, ils étaient invités à s'arrêter dès qu'un relâchement intérieur se faisait sentir.

Personnellement, je ne dirais pas que l'ivresse est une « expérience méditative ». Cependant, si vous appliquez sérieusement les enseignements bouddhistes à chaque aspect de votre vie, le fait de boire une bière de temps à autre n'a rien d'inquiétant. Les deux comportements ne sont pas antagonistes, d'autant plus que vous pouvez pratiquer la pleine conscience en examinant l'effet que la bière produit sur votre cerveau.

Ce qui importe, c'est que, lorsque vous prenez une bière le samedi soir, vous le fassiez avec une intention à laquelle vous croyez. Si votre motivation est de vous éveiller au monde qui vous entoure et d'agir aussi sagement que le dragon, alors n'hésitez pas.

Les erreurs

il existe au moins un élément que nous partageons avec les grands méditants qui nous ont précédés, y compris le Bouddha : l'erreur. Le Bouddha a traversé une période durant laquelle il s'affamait et se torturait volontairement au nom de la spiritualité. Milarepa a tué des dizaines de personnes pour assouvir sa vengeance. À la lumière des grands désordres créés par ces maîtres, vous conduire comme un imbécile pendant une rupture amoureuse pénible ou flanquer une gifle à votre colocataire parce qu'il vous a mis en colère n'est pas bien méchant.

Le dragon sait que tout ne marche pas comme sur des roulettes dans le monde, mais cela ne l'empêche pas de voir la magie qui l'entoure. Suivez son exemple, ne soyez pas dur envers vous-même quand vous commettez une erreur ou quand vous ne vous conduisez pas comme un bon méditant. Nous apprenons de nos erreurs, tout comme l'ont fait nos grands prédécesseurs. Nous pouvons faire « Milarepa ». Quand vous avez fait de la peine à quelqu'un, reconnaissez votre erreur, essayez de la réparer, et reconnectez-vous au monde qui est le vôtre : magique et sacré.

La première étape consiste à vous pardonner. Dites-vous que tout le monde commet des erreurs, cela vous aidera à vous amender. Examinez toutes les souffrances qu'ont causées vos indiscrétions et vos négligences passées, ainsi que les circonstances qui vous ont poussé à les commettre, et tirez-en des leçons. Cela vous aidera à ne pas retomber dans les mêmes errements.

Si vous avez causé du tort à certaines personnes, voyez comment vous pouvez réparer votre conduite. Allez voir ces personnes, dites-leur à quel point vous regrettez de leur avoir fait du mal. Prenez la résolution de venir en aide à ceux qui font face à des situations similaires. Ensuite, il ne vous restera qu'une décision à prendre : laisser vos erreurs passées derrière vous et aller de l'avant.

Ne passez pas votre existence à ruminer tous ces moments où vous vous êtes conduit comme un imbécile égoïste. C'est une perte de temps. Soyez franc et direct comme le dragon, reconnaissez vos torts, puis empoignez le moment présent. Le moment présent est essentiel. Le moment présent est magique. Offrez-vous la possibilité de vivre cette magie en vous pardonnant les erreurs du passé et en vivant dans le moment présent.

Le leader altruiste

Le dragon est un leader naturel. Comme il est authentique, son entourage ne doute jamais de ses capacités de dirigeant. Son entourage est fasciné par lui, car il irradie la joie de vivre, la sagesse et la confiance en soi.

L'ironie, dans tout cela, c'est que le dragon n'a pas envie d'être un leader. Il veut tout bonnement être une personne ordinaire, bien dans sa peau, agréable à vivre. Il en est de même pour vous. Vous avez entamé votre méditation avec un objectif simple : vous ressaisir. Vous vouliez être plus calme, plus posé, plus présent à votre vie. En étudiant les qualités du tigre, vous avez appris comment vous ancrer dans la réalité du moment. On apprend énormément quand on s'intéresse à ce qui se passe dans le moment présent. On apprend à être plus aimable, plus précis, plus lucide à l'égard de tout ce qui se présente à nous.

Après avoir passé quelque temps à cultiver ces qualités, votre cœur en voulait davantage. Vous étiez conscient des souffrances que vous aviez endurées dans votre existence, aussi bien que de celles de vos semblables. Vous ressentiez une sorte de tendresse envers eux, vous étiez ouvert à votre bodhicitta. La voie du lion des neiges s'ouvrait à vous. Dès lors, vous connecter à votre entourage a fait partie de votre voyage spirituel. Voyant clairement les problèmes de vos collègues de travail, des membres de votre famille, des gens croisés dans le métro ou dans l'autobus, vous avez décidé de leur venir en aide. Vous ressentiez de la compassion envers eux et vous vouliez la manifester. Pour ce faire, vous avez eu recours aux six paramitas.

Vous avez alors compris que votre capacité de compassion dépassait de loin vos idées préconçues sur ceux que vous pensiez devoir aimer, et sur ce que les choses devaient être, selon vous. Vous voyez maintenant la réalité telle qu'elle est, et tout ce qui entoure cette réalité – l'impermanence de toutes choses en ce monde, le changement constant, la mort. Au lieu de vous laisser submerger par la peur que de telles révélations pourraient vous causer, vous affrontez vos émotions et votre sentiment d'instabilité avec courage. Vous savez que vos limites et vos idées toutes faites sur le monde sont loin d'être aussi solides que vous l'avez toujours pensé, et les barrières qui entouraient votre cœur s'écroulent petit à petit. Vous pouvez enfin offrir votre amour sans discrimination. C'est de cette attitude que vient la sérénité.

Vous pouvez vous reposer dans cet espace de sérénité, dans lequel vous cultivez le plaisir de vivre au quotidien ; la joie de venir en aide aux autres ; et la compréhension de la nature de la réalité. Vous mettez en pratique les quatre dignités d'une manière réelle et directe. Les enseignements ne se bornent plus à la théorie, ils sont basés sur une nouvelle intimité avec votre bonté fondamentale. Vous avez développé une confiance sans limite en votre sagesse innée, et celle-ci irradie vers l'extérieur, bénéficiant à tous ceux qui vous entourent.

Vous laissez libre cours à votre sens de l'humour et à votre joie de vivre, en toutes circonstances, même lorsque vous faites face à de sérieux problèmes. Chacune de vos rencontres est une occasion de mettre les enseignements reçus en pratique. Il ne s'agit pas ici de philosopher, mais de vous servir de cette faculté de comprendre que vous offre votre bonté innée. Où que vous alliez, votre présence se manifeste de façon authentique. Vous voyez le monde comme un lieu sacré, vous appréciez la magie des moments les plus ordinaires.

Vous êtes devenu un maître guerrier. Vous êtes un dragon. Vous le constatez chaque fois que vous entrez en contact intime avec votre bonté fondamentale. Les quatre dignités qui étaient en vous n'attendaient que le moment où, débarrassé de toute confusion, vous seriez en mesure de vous conduire comme un guerrier authentique, un guerrier au cœur d'or.

Vous êtes le leader dont ce monde a besoin. Si votre intention première est d'être présent, offrez votre compassion à vos semblables. Soyez une force de changement. Rien ne doit plus vous arrêter. Vous êtes le seul à pouvoir mettre de l'ordre dans votre vie, le seul à pouvoir vous apporter la joie de vivre. Personne ne le fera à votre place. Vous pouvez accomplir de véritables changements dans votre entourage, dans votre pays, dans votre quartier. Vous pouvez offrir votre cœur au monde et glorifier son caractère sacré. Tant que vous ferez confiance à votre capacité d'amour innée, vous pourrez changer le monde.

Suggestions de lecture

PEMA CHÖDRÖN, *Bien-être et incertitude – Cent huit enseignements*, La Table ronde, Paris, 2005.

SAKYONG MIPHAM RINPOCHÉ, *Régnez sur votre monde*, La Table ronde, Paris, 2007.

SAKYONG MIPHAM RINPOCHÉ, *Turning the Mind into an Ally, Penguin*, 2004.

PHINNEAS MOLLOD & JASON TESAURO, *The Modern gentleman : A guide to Essential Manners, Savvy & vices*, Ten Speed Press, 2011.

ETHAN NICHTERN, *One City : A Declaration of Interdependance,* Wisdom Publications, Boston, 2011.

NGULCHU THOGME, *La pratique des bodhisattvas en 37 points, centre Paramita du Bouddhisme Tibétain du Québec.*

www.centreparamita.org/?navig=/bouddhisme/grande/bodhicitta/37pointsInternet.

CHÖGYAM TRUNGPA RINPOCHÉ, *Shambhala : la voie sacrée du guerrier*, Éditions du Seuil, Paris, 1990.

Ressources

Programmes de méditation

la Voie de shambhala est une exploration en profondeur des quatre dignités de shambhala et de leur lien avec les trois yânas, ou véhicules du bouddhisme tibétain. Des week-ends de retraite et des cours hebdomadaires sont offerts dans des centres de méditation partout dans le monde. Je les recommande chaudement.

Pour le Québec, voir http://montreal.shambhala.org/

Sites internet

www.shambhala.org

www.lodrorinzler.com

Remerciements

Merci !

Je suis sincère : le simple fait que vous lisiez ce livre est un formidable cadeau.

Mes parents, Beth et Carl Rinzler, sont des êtres merveilleux et je leur dois beaucoup plus que je ne saurais le dire : impossible de décrire tout cela dans une page de remerciements ! Victoria Gerstman, ma belle compagne, a été un soutien extraordinaire pendant toute cette entreprise ; elle a cru en moi alors que je n'étais même pas sûr d'être capable de mener le bateau à bon port. Victoria est absolument incroyable. Je l'aime et je suis heureux qu'elle ait accepté d'être ma femme. Merci aussi à ma sœur, Jane Buckingham, et à mon frère, Michael Rinzler, qui n'ont jamais cessé de me combler de leur amour et de leurs encouragements.

Ma gratitude à tous ces amis qui m'ont inspiré et soutenu (ou qui m'ont offert une bière et écouté discourir pendant des heures) : David Delcourt, Brett Eggelston, Oliver Tassinari, Ethan Nichtern, Will Conkling, Josh Silberstein, Laura Sinkman, Maron Greenleaf, Alex Okrent, David Perrin, Jeff Grow, Ericka Phillips, Marina Klimasiewfski, et les *UsGuys*, ma tribu. Il y en a d'autres que je devrais nommer, à qui je dis ceci : si vous vous demandez pourquoi vous n'êtes pas sur la liste, sachez que vous êtes dans mon cœur.

Pendant que j'écrivais, sur mon divan, à Brooklyn, deux petits amis regardaient sans cesse par-dessus mon épaule. Tullie et Justin Bieber sont très mignons. Ils ne savent pas lire, mais leur patience et leur affection sont à toute épreuve.

Les mentors occupent une place importante dans la vie, et j'ai trouvé les meilleurs : Richard Reoch, Connie Brock, et Mitchell Levy. Merci pour votre attention implacable envers les moindres détails, et pour votre amitié. Ma reconnaissance à Stan Lee, qui m'a procuré d'excellents modèles : les X-Men et Spider-Man.

Acharya Adam Lobel a beaucoup écrit sur les quatre dignités dans des manuels sur les enseignements *shambhala*. Outre les sources et les matériaux traditionnels, les images et le langage auxquels il fait appel m'ont impressionné, nourri, et je l'en remercie. Enfin, je rends grâce à Sakyong Mipham Rinpoché – le dernier mais non le moindre – sans qui ces pages n'auraient pas vu le jour. Sakyong est l'être humain le plus authentique de cette planète. Il a été mon exemple et mon inspiration.

Merci à tous de m'avoir aidé à faire de ce livre une réalité.

Table des matières

DEUXIÈME PARTIE
Sauvez le monde
83

Troisième partie
Bondissez dans l'espace
157

Imprimé en Allemagne par GGP MEDIA GMBH
pour le compte des éditions Marabout (Hachette Livre)
58, rue Jean-Bleuzen 92178 Vanves Cedex
Achevé d'imprimer en janvier 2016
Dépôt Légal : février 2016

978-2-501-09594-5

5511120